Steickmann
E Büttche Bunt

Elfi Steickmann

E Büttche Bunt
Fresch us der Wäsch

GREVEN VERLAG KÖLN

© Greven Verlag Köln GmbH 2011
Zweite Auflage 2013
www.Greven-Verlag.de
Satz: Michael Lauble, Düsseldorf
Umschlag: Steffy Schüller, Köln
Druck und Bindung: CPI – Clausen & Bosse, Leck
Alle Rechte vorbehalten.
ISBN 978-3-7743-0490-1

E WOOT VÖROP

»E Büttche bunt« ist ein Begriff aus den Zeiten, als es »ze Kölle« noch in jedem Mehrfamilienhaus eine Waschküche und in jedem Haushalt eine Zinkbütte gab, groß genug für das wöchentliche Wannenbad der Familienangehörigen und, abwechselnd, für Weiß- und Buntwäsche. In lustiger Reihenfolge waren die Wäschestücke anschließend auf der Wäscheleine im Hof oder auf dem Balkon in aller Öffentlichkeit zu besichtigen. Ebenso bunt in den Themen und Formen ist das, was Elfi Steickmann hier aus dem Köln von heute zu bieten hat: nicht nur, wie üblich, »Rümcher un Verzällcher«, sondern auch Texte für Lieder und kleine Spielszenen.

Denen, die sich in der kölschen Mundart-Literatur ein bisschen auskennen, braucht man Elfi Steickmann nicht vorzustellen: Seit nun rund anderthalb Jahrzehnten ist sie präsent, wo Vers- und Prosatexte vorgetragen werden, sozusagen mit wachsender Begeisterung. Schon die Titel ihrer Bücher, die seit über zehn Jahren im Greven Verlag erscheinen, künden von ihrem kölschen Optimismus: »Kopp huh, Kölle!« (2000), »Medden em Levve« (2004) und »Alaaf, Kölle!« (2008). Daran hat sich nichts geändert. Denn sie hat sich nicht geändert.

Im Vorwort zu einem früheren Buch habe ich einmal, aus der Sicht des Lesers, festgestellt, dass bei Elfi Steickmann immer etwas passiert. Auch das ist so geblieben. Man wundert sich, was sie alles erlebt. Und selbst bei Gelegenheiten, die auch unsereiner kennt, etwa beim Benutzen eines Parkhauses oder bei einem Klassentreffen, geschieht, wenn sie dabei ist, etwas, was sich zu erzählen lohnt. Sie findet eben Menschen interessant. Und sie vermag dieses Interesse ihren Lesern (und beim Vortragen ihren Zuhörern) zu vermitteln.

Aber sie ist auch immer auf der Suche nach interes-
santen Geschichten. Vielleicht kommt das eine oder an-
dere Motiv manchem Leser bekannt vor, etwa die Dame
mit dem Wespenstich oder der Blick in den nächtlichen
Sternenhimmel. Tatsächlich gibt es heutzutage so etwas
wie Wandergeschichten, die namenlos durch das Internet
geistern. Nur ausnahmsweise kann man sie bis zu ihrem
Urheber zurückverfolgen. Auch wer, wie Elfi Steickmann,
gewillt und bestrebt ist, sich an die Regeln des Anstands
und an die Bestimmungen des Urheberrechts zu halten
und für die Übertragung einer solchen Geschichte ins Köl-
sche eine Genehmigung einzuholen, stößt dann meist ins
Leere. Nur bei »Wessen dat de Minsche?« und halbwegs
bei »Der Herrjott ens usfroge« ist es ihr gelungen. In den
anderen Fällen gilt das Selbstverständliche: Die Autoren
der hochdeutschen Texte bleiben Inhaber ihrer Rechte.

Wie einst Hemdchen und Höschen und alle Wäsche-
stücke aus dem »Büttche Bunt« einen Einblick ins Inne-
re des Familienlebens ermöglichten, so kommen nun die
Texte dieses Buches »fresch un der Wäsch«, also triefnass
von kölscher Sprache und kölscher Mentalität.

Heribert A. Hilgers

VUM JESTER ÜVVER'T HÜCK
ZOM MORJE

Vum Jester üvver't Hück zom Morje

Kölle, dat röf, uh su stonn ich parat.
Wie lang hann ich allt dodrop jewadt!
Mööch widder met Rauh ohne Brass un Jedöns
Durch de Jässjer sträufe, nohm Rhing, en et Jröns.

Zoehsch jonn ich nohm Dom, dä Jenoss, dä muss
    sin!
Mich jröße sing Töön, he jehören ich hin.
Minge Bleck verfängk sich en Jivvele, Spetze,
Ich künnt op der Domplaat bes morje wal setze.
Portale, Fijore, wie off allt beschrevve,
Un och dat Jeröss, wat zick Johre jeblevve,
För draanzekumme aan ahl Stein, die kapott,
Durch Wedder un Duve, die kritt mer nie fott!
Die Schönheit vum Dom, trotz Johrhundert-Blessore,
Bliev jedem präsent, hingerliet starke Spore.
Mer meint sujar mänchmol, hä hät e Jeseech,
Wann hä jrau un jold strohlt em Sonneleech.
Kummen ich och niemols en der Jenoss,
In fädich ze sinn, ich hann't immer jewoss,
Hä weed för mich blieve, ov noh hä, ov fän,
Jeföhl, Fründ un Heimat, ich hann in jän.

Un dann e Stöck wigger ruusch öm mich eröm
Verkehr en der Jroßstadt, ich jöv jetz jet dröm,
Zwesche Hüser un Jasse ze dräume met Rauh.
Dat dät mer jetz jot, un dat weiß ich jenau.
Der Rhing fingk metunger sujar singe Wääch
Bes deef en de Altstadt – do weed et uns schlääch!
Doch dat ess flöck verjesse, se sin nit mih wick,
Die Jivvelhüser us ahl kölscher Zick.
Se wäde vun Frembcher ärch jän bewundert,

Mänchmol ka'mer lese ›erbaut fuffzehnhundert‹,
Op die si'mer stolz, dunn die uns doch verzälle
Vun Handel un Fließ he em hellije Kölle.

Wigger durch Kölle, e Denkmol bejröße,
Mer stonn bei de Heizemänncher, denne ze Föße
Vun der Schniedersch de Ääze de Trapp erav rolle,
Op denne dann die Männcher der Hals breche solle.
Su weed et verzallt, jläuvt et odder nit!
Hann se wirklich jelääv? Hück si'mer se quitt!
Die Pooze un More, die Plaaze un Töön,
Die Minsche vum Panz bes zor Kääzemöhn,
Dat all määt uns Stadt ehsch wärm un vertraut,
Doch wat hann se zick Johre all neu he jebaut!
Bevör ich jonn wigger durch't Kölle vun Hück,
Nemmen ich mer noch nen Augenbleck Zick
Un spazeere för e paar Minutte janz leis
Üvver Malote un schleeßen dä Kreis,
Dä Kreis met dä Bilder, wat alt un verjange.
Jetz weed et Zick, endlich neu aanzefange.

Ich hann üch jesaat, wann durch Kölle ich jonn,
Dann blieven ich dismol eifach ens stonn,
Wo ahl un neu Baute uns längs nit mih störe –
Se zeijen uns, dat se zesamme jehöre.
Uns kölsche Arena, dä staatse Koloss
Met neu Dimensijune, die hät jet jekoss!
Bespannt janz met Trosse, wie e Netz vun ner Spenn,
Ess dä Boge us Stohl optisch wal ne Jewenn.
Ne kölsche Spetzname woodt flöck jefunge:
›Et Henkelmännche‹ pass, ess jelunge.
Doch dat hät mer vör e paar Johre verkauf.
Die Stadt broht mih Jeld, dat ess hück der Lauf.
›Lanxess Arena‹, su heiß jetz der Bau,

Un... wie lang dismol?, keiner weiß et jenau.
Doch villeich steit, stellt üch dat bloß ens vör,
›Zom kölsche Clown‹ irjendwann op der Döör.

No driev et mich wigger, e Stöck lans der Rhing.
Am Zollhafe steit, ärch jroß un doch fing,
E Museum för Stollwercks-Schukelad,
Wo dren mer all dat, wat söß ess, verwah't.
Et woodt janz jekunnt nem Scheff nohjebaut,
Met nem Heck un vill Jlas en der Rhing jedaut.
Dohinger dann noch et Museum för Sport.
Su setze modän Akzente sich ›fort‹.
Dann, e paar Schrett wigger, do süht mer se stonn,
Die Krahnhüser, die aan't Jemöt mer jonn.
Mer muss en doch trecke, der Hot, vör dä Lück,
Die vum ahle Kölle jekläut hann dat Stöck.

Un koot hingerm Bahnhoff, janz noh beienein,
Ka'mer jet belore, wat och nit jrad ›klein‹.
Dä ›Blaue Möllsack‹, su woodt hä jedäuf,
Ävver nor vun de Kölsche – nit dat einer jläuv,
Dat wör och der Name för Frembcher un Jäss,
Nä: ›Musical-Dome‹ heiß dä för de Press.
Jet stief süht hä us, hät ne Hüvvel om Daach,
Ävver dä deit nit störe, dat jitt keine Kraach.
He weed vill jedanz, jezaubert, jesunge.
Et Projramm ess för Ahle un och för die Junge.
Nor der Name, dä kann ich nit richtich verstonn,
Un wann ich nohm Dom dis Dach noch ens jonn,
Muss ich in ens froge, wie hä süht die Saach,
Ich künnt mer denke, dat hä dodrüvver laach.
Doch, wat mich he stört un määt raderdoll,
Sin die Baustelle, vun denne Kölle ess voll.
Jrad öm der Dom hät mer se stolz drapeet,

Dozo lans der Rhing, wo mer söns jän flaneet.
He en Fahrbahnverengung un do ess jesperrt,
All dat allt zick Johre uns Stadtbild verzerrt.
En hässlije Baujrub janz deef meddendren,
Drömeröm ne Lattezung, määt dat noch Senn?
Künnt mer nit jet verdeile op de nöhkste Johre?
Doch die huh Häre sin sich noch nit em Klore.
Un meer schänge wigger üvver uns Stadt.
Ihrlich jesaat: Ich hann dat öntlich satt!
Uns Kölle kann doch selvs nix dozo sage,
Kann sich nit ens wehre, muss all dat erdrage.
Meer all, meer maachen dat Chaos dodrus
Un och all dä Dreck, do, wo mer ze Hus.
Meer sollten uns widder met Freud un och Stolz
Dodrop besenne, us wat för nem Holz
Meer all sin jeschnetz, dat hilf uns jewess,
Weil zick zweidausend Johr dat allt esu ess.

Uns Kölle ess dat, wat meer all dodrus maache,
Met Laache, met Kriesche un met all dä Saache,
Die et nirjendswo su jitt wie he bei uns,
Dozo kütt uns Sproch, un dat ess die Kuns,
Dat all unger eine Hot ze bränge.
Kutt, packt endlich met aan, doot nit bloß schänge!
Villeich kritt dat Morje su en neu Jestalt,
Fingk en ahl un neu Baute widder mih Halt.
Ich zällen op üch, de Zick läuf uns fott.
Je länger mer wade, öm su mih jeit kapott!

Ahl usjetrodde Schohn

Och e Minschelevve kennt de Johreszigge.
Et kritt vun alle veer e paar Porzijune av.
Doch wat brängk et letzte Veedel uns Ahle noch? Nor
  Sorje un Leid?

Jung Lück dunn et off nit fröh jenohch erkenne,
Wat för ne huhe Wäät em Levve Jesundheit, Jlöck un
  Nüsele hann.
Se lore nor jradus, weil för ze üvverlevve Mot un Usdor
  hück zällt.

Mer Ahle spille jetz uns letzte Levvenskaate us
Un schnöre för de Zieljrad nevvenbei uns ahl, usjetrodde
  Schohn.
De jung Lück hann su jet noch nit, die tredde jrad et
  ehschte Paar us.

För uns älder Minsche kann der Wääch bes aan et Engk
  noch wick sin,
Un wa'mer ihrlich sin, dröck uns die Nöh vum Levvens-
  winter mänchmol op't Jemöt.
Ävver mer welle in aannemme – un wä weiß,
Jrad en usjetrodde Schohn ka'mer jot laufe, villeich
  e Stöck länger wie mer denk.

Dat wor doch jrad vör kootem

Dat wor doch jrad vör kootem,
Wie mer jespillt hann op dem Hoff.
Wor dat nit jrad vör kootem?
Dodraan denken ich su off.
Wie mer uns Ömmere jetuusch hann
Un jeder ens jewonne hät.
Un hatte mer de Kneen kapott,
Jov et ehsch Ress, dann av en't Bett.

Dat wor doch jrad vör kootem,
Do krääch de Mamm en Wäschmaschin.
Wor dat nit jrad vör kootem,
Wie Levvertron en Medizin?
Wie Tiefköhlkoss erfunge woodt,
Doch ohne Köhlschrank jar kein Schangks.
Fröher woodt alles fresch jekauf,
Die neu Zick hück, se määt mer Angs.

Dat wor doch jrad vör kootem,
Wie et jov e künslich Hätz.
Wor dat nit jrad vör kootem,
Wie der Kompjuter kom aan't Netz?
Wie mer met Kaate kunnt bezahle,
Ohrring för Junge woodten ›in‹,
›Jras‹ jerauch un nit jemiht woodt?
Ov dat jot Neuichkeite sin?

Dat wor doch jrad vör kootem,
Wie mer et öntlich hann jejöck.
Wor dat nit jrad vör kootem?
Jetz si'mer allt em drette Plöck.
E Bällche Ies, domols ne Jrosche,

Hück sin et Euros, die mer jitt.
De Technik deit uns üvverrolle,
Nimmp uns et Denke Schrett för Schrett.

Dat wor doch jrad vör kootem,
Do jingks janz leis, dat wor ding Kuns.
Wor dat nit jrad vör kootem,
Wie mer jelaach hann üvver uns?
Met deer, do wör ich jän jejange,
Woröm häss do mich nit jefrohch?
Jetz bess do och Erennerung,
Doch dat ess för mich nit jenohch.

Dat wor doch jrad vör kootem,
Wie mer jespillt hann op dem Hoff...

US DEM FAMILLIJE-NIHKÖRVJE

Weil ich dich jän hann

Allt lang ess et herr,
Wie do koms aan et Leech.
Janz leis ehsch un klein,
Ich sohch di Jeseech.

Ich hann mer dann jeschwore:
För dich jonn ich durch't Föör.
Do bess för mich jebore,
Maats en meer op en Döör.

R: Weil ich dich jän hann
          För immer un jetz,
          Loßen ich dich laufe,
          Blievs doch en mingem Hätz.

Bes do koms, hatt ich nie
E Jeföhl för de Zick.
Doch met deer em Ärm
Woodt se zom Augenbleck.

Ich hann mer dann jeschwore:
Kanns dich verloße janz op mich;
Ejal, wo do och hinjeis,
Ich waden do op dich.

R: Weil ich dich jän hann...

(Bridge)
Un hann ich Sehnsuch,
Dann rof' ich flöck aan.
Laach' met deer,
Dräum' met deer.

Un määs do dich jetz op
Un söks dinge Wääch,
Nemm se met, all ming Leev,
Kind, ich kumme zerääch.

Doch em Hätze deef drenne
Dräum' ich vun däm Plan:
Wann ich eimol et künnt,
Heelt de Zick ich hück aan.

R: Weil ich dich jän hann...

Un hann ich Sehnsuch,
Dann rof' ich flöck aan.
Laach' met deer,
Dräum' met deer.

De Spilluhr

Jeschaff, endlich woren se do, de Ferie koot vör Chress-
daach. Met Strohle en de Auge kom minge Son noh Hus
un knallten de Schulltäsch en en Hött. Zwei Woche frei
vun Lating, Deutsch, Mathe un all dä ander Schullfächer,
die einem et Levve schwer maache. Dä Wääßel op et Jym-
nasijum wor doch nit esu eifach. Jot, dat e Verschnaufpüs-
je bes noh Dreikünninge aanjesaat wor.

    Am letzte Wochenengk vör de Chressdäch hatte mer
noch e paar Treffe met Fründe, die mer söns aan de Feer-
däch nit all unger einen Hot kritt. Un all die Schwaad-
stündcher wore richtich jenöhchlich un voll Vörfreud op
dat jroße Fess. De letzte ›Vorbescherung‹ wor eine Daach
vör Hellichovend bei minger Fründin. Mer däten uns im-

mer avwääßele, un en däm Johr hatt sei dat jroße Loss je-
trocke, uns verwenne ze dörfe.

Der Chressbaum stundt allt jeschmöck parat. Die Zwei
hatte kein eije Pänz, doför ävver e jroß Hätz för de Pänz
vun de Fründe, un jofe sich immer besondersch vill Möh.

Et fing allt mem Esse aan. De Huusfrau hatt sich jet
Dolles enfalle loße: indonesisch, scharf. Uns schlohch de
Flamm am Hals erus. Ävver et wor lecker, su tillekat. Fruh
wore mer, dat et zom Nohdesch Ies för ze köhle jov, un för
der Verbrennungsprozess em Buch jet op Tuure ze bränge,
woodt och dat Verdauungsschabäuche nit verjesse.

Nä, wat jingk et uns jot!

Met große Auge soß minge Jung derwiel allt vörm
Chressbaum un dät op de Bescherung wade. Hä kom natör-
lich zoehsch draan. Pänz hann et nit met der Jedold. Dat
Päckelche wor en Selverpapeer enjeweckelt un aan beidse
Sigge met rudem Band jot zojeklääv. Met Ungerstötzung
vun mingem Mann un meer woodt dat Knibbelspäckelche
opjemaat, un minge Jung kunnt vör Freud nix sage. Die Üv-
verraschung wor jelunge. Dat Jeschenk wor en Spilluhr!

Nit ein, die sich met nem Pöppche odder nem Deer-
che drihen dät, nä, die Spilluhr wor jet janz Usjefallenes!
Ne jroße Clown! Ne jroße Clown, aanjedonn met ener
bungke Pludderbotz un nem wieße Hembche; dodrüvver
ne schwatz/rude Frack un en jroß jetuppte Krawatt maa-
ten dat Bild kumplett. Löstich un keck lorten hä met brung
Äugelcher en de Welt. Op singem Köppche soß jet scheif
ne kleine schwatze Hot, un die rut Hoore stundte noh
alle Sigge op Stipp. Ävver dat Schönste aan däm Clown
wor: Hä heelt en singe Häng aan e paar Fäddem ne kleine
Clown met ener klitzeklein Zibbelmötz om Köppche. Un
dä kleine Clown bewäächten sich beim Avspille vun der
Melodie ›Ich bin ein Clown‹ wie en Minimarionettche hin
un herr. Dät mer die Spilluhr jet scheif stelle, sohch dat

esu us, wie wann dä Klein voll Üvvermot de Hängcher un Beincher zesammeschlagen dät.

Minge Jung wor üvverjlöcklich.

No muss ich üch, domet ehr jrad die Freud verstonn künnt, e bessje us dem Nihkörvje verzälle. Vör e paar Jöhrcher hatt ich vun einer vun minge Fründinne och aan de Chressdäch en Spilluhr als Üvverraschung unger dem Chressbaum stonn. Als kleine Panz hatt ich mer su e Holzkaressellche allt jewünsch, un jetz, wie säht mer su schön, em Meddelalder, jingk dä Kinderdraum doch verhaftich noch en Erföllung. Wie minge Son hück, su hatt ich mich domols üvver dat Karessellche jefraut. Endlich jet för mich allein! Dat sohch minge kleine Son domols janz anders. Hä maat alles jenau esu wie ich: Wann ich en Kamell lötschen dät, dät hä et och; wann ich mich jenöhchlich hinsetzen dät, maat hä dat och; wann ich e Bohch en de Häng nohm för ze lese, dät och hä esu, wie wann hä allt lese künnt. Alsu dät ming neu Spilluhr eijentlich och im metjehöre. Met singe noch jet unjescheckte klein Hängcher packten hä sich dat Karessellche, et dät knacke – un dä kleine Holzchressbaum met dä klitzeklein Päckelcher dodrunger wor kapott. Ich hatt de Trone en de Auge. Met vill Jedold dät ich mingem Son useneinposementeere, dat ich jän ens jet nor för mich allein jehatt hädden. Av däm Chressdachsfess wor singe jrößte Wunsch en eije Spilluhr.

Un dä Wunsch jingk jetz en Erföllung. Der janzen Ovend heelt minge Klein die Clownspilluhr om Schuß jot fass un summten unungerbroche die Melodie met. Selvs op der Röckfahrt op Heim aan woll hä se nit loss loße.

Hä lohch allt en der Fluhkess, wie ich em Elansjonn noch ens aan der Spilluhr trok un wiggerjingk, för im si Jode-Naach-Bützje ze jevve. Fass dät hä mich met singe Puuteärmcher aan sich dröcke. Üvver si Jeseech peckelten de Trone, un singe Micky-Mouse-Schlofaanzoch wor bovveneröm allt feuch.

Suvill Trone noh su nem schöne Daach? Ich wor vun de Söck! Op ming leis Frohch, wat dann si Hätz esu schwer maachen dät, sohch hä mich met singe Kinderauge aan, us denne immer noch decke Trone leefe. »Mamm, do weiß doch, der Daniel un ich, mer woren en der Jrundschull immer die Clownemänncher vun der Klass. Die neu Schull brängk et nit. Ich föhle mich do su einsam. Keiner vun minge Fründe ess met mer jejange. Woröm kann ich nit immer klein blieve? Ich mööch nit jroß wäde! Mamm, kanns do mer nit helfe?«

Jetz kome mer och de Trone. Wie kunnt ich im helfe?

Wie ich dat domols jemaat hann, weiß ich nit mih. Irjendwie hät et ävver jeflupp. Hä hät neu Fründe jefunge, un us däm Klein ess mettlerwiel ne staatse junge Mann jewoode. Ävver ich hann ehsch vill späder bejreffe, wat domols en singem Ennere passeet ess. Dä jroße un dä kleine Clown hann im jezeich, dat hä langksam sing Kinderschohn ustrecke moot. Nit vun jetz op jlich, ävver, su wie dä kleine Clown aan singe Fäddem immer hüher jetrocke weed, su trick et Levve och aan im. Dä Schrett op et Jymnasijum wor der Aanfang en ne neue Levvensavschnett.

Üvvrijens, die Spilluhr jehö't fass zo singem Levve, un, ejal wo hä ess, op einer Finsterbank ess immer en Plaaz frei, un mänchmol em Elansjonn weed se och hück noch opjetrocke:

›Ich bin ein Clown‹.

Fröher kunnt ich dich
och ohne Wööt verstonn

Bei uns läuf ärch vill verkeht!
Häss do't endlich och kapeet,
Dat nix mih wie fröher ess?
Saach, wo do jeblevve bess!
Jeder well eifach nor fott.
Vill ze vill ess allt kapott.
Ne Disköösch verläuf em Sand.
Zwesche uns, do steit en Wand.

R: Fröher kunnt ich dich och ohne Wööt verstonn,
     Kunnt met deer aan minger Sick durch't Levve jonn.
     Ne Bleck vun deer zor räächte Zick
     Hät uns zom ›Team‹ jemaat.
     Saach, wor et dat? Ha'mer ze lang jewadt?

Ich setz' alles op ein Kaat.
Hann jetz lang jenohch jeschwadt.
Hoff' nor, dat et uns jet brängk.
Mer sin lang noch nit am Engk.
Saach mer bloß, määs do jetz met?
Finge mer widder der Trett?
Doch jet Mot bruche mer Zwei:
Ich hann dä, bess do dobei?

R: Fröher kunnt ich dich och ohne Wööt verstonn...

Dat jov et fröher nit!

Et klingelt pünklich öm drei Uhr aan der Döör. De Schwijjermutter steit em Rahme. Nit jrad, weil se mich esu jän hät, nä, se kütt immer friedachs, wann ich jrad fresch jeputz hann, et Enkelche un natörlich ›ehre‹ Jung, alsu mi Altarjeschenk, besöke.

Jet unschlössich bliev se jedes Mol stonn, lort mich met nem scheive Jriemele aan un wadt op mi Kommando. Un dat heiß: Do kanns jän eren kumme un de Schohn aanloße, die Kachele ka'mer jot putze. Kei Problem, die sin versiejelt.

Un dann kütt et widder, dat leichte Koppschöddele un dat leis Jemummele en dat sigge Halsdoch: Dat jov et fröher nit, fröher moot mer de Schohn ustrecke, wa'mer en et jode Zemmer jingk.

Ich dunn, wie wann ich nit jot höre künnt, bränge die ahl Lady en et Wonnzemmer un rofe us der Köch: »Mutter, wat mööchs do hann, ne Kaffe, ne Milchkaffe, ne Cappuccino odder ne Kakau?«

Zoehsch kütt kein Antwoot. Se ess immer widder verbasert, dat ich dat all us einer Maschin zaubere kann, un jedes Mol säht se leis: »Ne eifache Kaffe wör mer jenohch.« Met där janze Technik kütt se eifach nit zerääch, un wie ich ehr dä Kaffe en et Wonnzemmer bränge, hören ich widder dä leis jejrummelte Satz: »Dat jov et fröher nit, fröher woodt för jede Tass Kaffe der Kaffe fresch jemahle un dann met bröhheißem Wasser opjeschott.«

Mänchmol deit ming Schwijjermo mer wirklich e bessje leid. Et muss schwer sin, sich aan all die Neuerunge ze jewenne, die för uns selvsverständlich sin.

En jot Stund späder steit minge Mann en der Döör. Hä hät hück fröher frei. Hä arbeidt nor noch halvdachs, weil mer uns die Kindererziehungszick deile. Jeder kann dat för e paar Mond maache.

Wie sing Mamm dat et ehschte Mol jehoot hatt, dat us-
jerechent ehre Klein, dä staatse, intellente, dolle Poosch
– Pänz blieve jo, ejal wie alt se sin, för de Mütter immer
klein – jetz jet Huusmann spillt, schlohch ehr bal der Plag-
gen en. Natörlich kom die Frohch op: »Kann ding Frau
dat Kind nit allein jroß trecke? Wat maat ehr dann för e
Spillche dodrus? Ich hann dich un dinge Broder och al-
lein jroßjetrocke. Der Papp moot jo et Jeld verdeene.« Un
dann kom et widder: »Dat jov et fröher nit, en Frau jehö't
en et Huus un aan der Ovve.«

Hück säht se dat nit mih, ävver ich kann en ehrem Je-
seech lese, dat ich dä ärme Jung nor usnötze. Eijentlich ess
dä ze schad för mich. Un wie se ens jehoot hät, dat minge
Mann sich av un aan, wann et drängk, och allt ens e Hemb
selver büjele muss, do hatt ich verspillt, denn dat jov et
fröher allt ens jar nit. Unmüjjelich! Der Papp hädden sich
nie e Hemb jebüjelt, un dat hädden se sich och nit nemme
loße! Dat wor ehr Flich als Ihefrau.

Ich kann mettlerwiel jot dodrüvver lore. Wann et En-
kelche dann waach weed un der Jroß en de Ärme flüch,
ess de Welt widder en Odenung, bal en Odenung, denn dä
Klein hät en naaße Botz. En naaße Botz! Allt bal drei Johr
alt un noch nit drüch. Dat jov et fröher nit! Dinge Mann
wor allt unjewöhnlich fröh drüch.

Minge Mann laach mich dann aan un rollt jet met de
Auge. Sing Mamm ess evvens ärch stolz op in un üvver-
driev och allt ens jet. Wa'mer dat all jläuven dät, wat se esu
vun im verzällt, dann wör hä bal drüch, janz windelfrei,
natörlich met Zäng un nem exzellente Huhdütsch op de
Welt jekumme. Mütter! Schwijjermütter!

Wann et öm et Esse jeit, muss ich jet oppasse. Ich hatt
mer als Üvverraschung ens jet janz Dolles usjedaach,
wat de Schwijjermutter bestemmp noch nie jejesse hatt.
Sushi! Öm Joddeswelle, nie mih su ne Versök. Rühe Fesch

esse! Wat ich mer enbilden dät? Nä, un wann üvverhaup rühe Fesch, dann nor nen Hirring. Un wat soll dat, weed bei üch nit mih wärm jekoch? Dat jov et fröher nit.

Wat et fröher all nit jov, hören ich dann wigger, mer broht kein zwei Badezemmere för drei Lück, en Zinkbütt, eimol en der Woch huhvoll för de janze Famillich, wor jenohch. Mer broht keine Haufe Zoote Tee, Peffermünztee dät klein Malätzichkeite heile. Et lohchen kein dör Illustreete för ze lese om Klosett, nor ahl Zeidunge. Dat Papeer broht mer, för de Fott avzeputze, un immer fresche Jästehanddöcher, dat wör all üvverdrevve. Ei dunkelblau kareet Doch dät domols en Woch för de Famillich recke.

Un en et Usland en Ferie fahre, dat jov et fröher nit. De Eifel un et Berjische wore wick jenohch. Schleeßlich moot mer jo mem Bus fahre un hatt nit, wie die jung Famillije hück, zwei Autos. Zwei Autos, dat ess doch en Sünd för de Ömwelt. Un dat muss doch minge Jung all verdeene. Kann dä üvverhaup noch naaks schlofe? Hä ess esu blass.

Mänchmol kann ich dann nit mih aan mich halde un röcke e bessje der Desch jrad zwesche minger Schwijjermutter un meer, denn blass ess ›der Jung‹, weil hä jester Ovend käjele wor un öntlich jetank hät, dobei wor secher ei Kölsch vun mindestens fuffzehn schläächn. De Mamm säht nix, un ich weiß och woröm, dat jov et fröher och allt ens beim Schwijjervatter. Alles hät sich nit verändert, un dat jov et fröher och allt, dat Schwijjerdööchter un Schwijjermütter nit immer einer Meinung sin. Ävver nöhkste Woch dunn ich för se jet Öntlijes wärm koche, domet endlich ens jet wie fröher ess.

Ich weiß

Ich muss ens met deer spreche,
Weil mich jet ärch bedröck.
Ich muss deer ens jet sage,
Söns määt mich dat verröck.
Ich muss deer ens jet bichte,
Ze lang hann ich jewadt.
Ich muss deer jet jestonn,
Et sage vör de Schwadt.

Ich weiß, ich ben kein zwanzich mih,
Dat akzepteer' ich hück.
Ich weiß, hann Falde üvverall,
Wie all die älder Lück.
Ich weiß, dat minge Buch ze deck,
Jet winnjer wör nit schlääch.
Ich weiß, dat all ming Hoore jries,
Doch kummen ich zerääch.
Ich weiß, der Lack ess öntlich av,
Dat jingk esu ratzfatz.
Ich weiß, janz fröher hatt ich Mot,
Hück sinn ich off nor schwatz.

Doch weiß ich och, mi Hätz dat schleit
Noch hück för dich, ›mein Schatz‹.

Ich weiß, do wörs jän noch ens jung
Met allem Dröm un Draan.
Ich weiß, do wörs jän ne Hansdamp,
Doch fählt deer der Elan.
Ich weiß, ding Pläät määt dich kapott,
Deer fählt dat volle Hoor.
Ich weiß, mööchs stark wie ne Athlet

Jän blieve e paar Johr.
Ich weiß, dat dinge kleine Buch
Ding Eitelkeit noch schö't.
Ich weiß, dat och di Dubbelkenn
Dich ärjert un och stö't.

Doch weiß ich och: Meer määt dat nix,
Weil et bei dich jehö't.

Hör op, dich jeck un doll ze faaste,
För mich bruchs do dat nit.
Do muss deer doch nix mih bewiese,
Do bess och su noch fit.
Maach deer nix vör: Et tick, di Ührche,
Och wann do läufs dovun.
Dachdächlich Kilometer renne
Määt dich doch nit mih jung.
Nor Quark un Schlot un drüjje Prumme,
Fings do dat ihrlich jot?
Ess dich ens satt, villeich e Hämmche,
Et Levve ess su koot!
Un bruchs do, för dich stolz ze föhle,
Jet Jefeukels för ding Siel,
Dann laach doch dat jung Weech ens aan,
Ich wade jän derwiel.

Doch weiß ich och: Se läuf, ding Zick;
Am Engk ben ich di Ziel.

No dummer bloß nit op der Trapp hoste!

Wie säht mer esu schön: »Klein Pänz, klein Sorje, jroße Pänz, jroße Sorje«. Fröher hatt ich jedaach, wann de Pänz us dem Huus sin, ne Berof hann, jenohch Euros verdeene, dat se för sich selvs opkumme künne un langksam ävver secher aan de Jründung vun ner eije Famillich denke, hö't dat met dä Sorje op odder weed op jede Fall besser.

Doch op eimol kummen de Problemcher us ner janz ander Eck, un mer kann se zoehsch üvverhaup nit su rääch zorteere. Ich verzälle jetz zwor jet us dem Nihkörvje, un et künnt sin, dat der ein odder andere vun üch nit met meer einer Meinung ess, ävver ich jläuve, et jiddere och en Häd, die dat nohföhle künne, nor mer sprich nit jän drüvver.

De ältste Doochter vun minger Schwester, nenne mer se Lisbeth, hät em staatse Alder vum Jesus, alsu met drei-undressich Johr, et ehschte Weckelditzje kräje. Hückzedachs, wo mer su ärm aan Puute sin, ess dat natörlich en doll Saach. Et ess och et ehschte Enkelche för mi Schwester un minge Schwoger. Jetz fängk hä aan, dä Ähnz vum Oma- un Opaspille.

Die Zwei freuen sich, ävver se freuen sich su, wie se bes hück met der Famillich un de Fründe immer ömjejange sin, evvens nit üvverdrevve. No hann die Zwei och allebeids ne Berof jehatt, dä e analytisch, saachlich, logisch un nööchter Denke vörussetz: Se sin Chemiker, Spezialjebiet Färve un Lacke. Do muss mer koot un knapp, ohne vill Jedöns de Formele erusfinge un noteere un hät kein Zick, för met blomije Wööt un jet Jeföhl dä neue Lack odder die neu Wandfärv ze beschrieve.

Alsu woodten och ehr zwei Puute, allebeids Weechter, nit nor jeheukelt un jefeukelt. Un bes hück hatten se allemolde domet kein Moleste. Alles woodt immer flöck, ohne vill Thiater, jerejelt, un de Rotschläch bei jroße un klein Sorje woodte vun de Pänz jän aanjenomme.

Un no sollen die Zwei vun jetz op jlich zo Jroßeldere ›mutiere‹, die nor noch en der Kindersproch spreche, jet dömmlich-jlöcklich met Trone en de Auge durch de Wonnung schwevve un dat klein Büselche nit mih us de Auge loße, weil och die jung Mamm vun veerunzwanzich Stund am Daach fünfunzwanzich för dat Ditzje parat steit, lalla un tralla määt, Windele wääßelt, de ›Quelle des Lebens‹, alsu de Bruss, unungerbroche am en- un uspacken ess, laach, singk un verwennt. Dat Klein hät noch nit »eh« jemaat, do ess de Mamm allt zor Stell un määt Männcher. Un sollt dat Klein wirklich ens e paar Tröncher verjeeße, weed janz flöck dat Nutfallprojramm ömjesatz: en der Kinderwage un hin un herr fahre, ejal wo mer ess. Dat Schöckele jefällt däm Klein. Bloß schlofe deit dat Nützje kaum.

No künnt mer jo meine, dat se sich doch, wann die klein Famillich ens op Besök kütt, för e paar Stündcher arrangscheet krijje sollte. Ävver weil de Doochter jetz em Land vun dä jääl Nummereschelder wonnt – nä, nit em Wonnwage, och Holländer wonne allt en klein Hüsjer ov Wonnunge –, kütt die natörlich nit nor för e paar Stund; wann se kütt, kütt se tireck e paar Dach odder en Woch. För beidse Sigge ess dat nit eifach. Die, die am mehschte op de Zäng bieße müsse, sin de Jroßeldere.

Noh der Bejrößung weed ehsch ens dat ›Babyequipment‹ usjelade. En Zick vun e paar Minutte süht et Huus us wie de Baby-Abteilung em ›Kaufhof‹.

Mettlerwiel allt em Jewatt, schlepp de Jroß mih odder winnijer heimlich allt de Weckeldeck, de Koffere un et Spillzüch en dat ahl Kinderzemmer vun der Doochter. Et bliev suwiesu noch jenohch üvverich, dat em Flur ne Hindernisparcours entsteit. Määt nix, mer hät jo Auge em Kopp.

Wa'mer Jlöck hät, hät dat Klein die Reis vun Huus ze Huus em Schlof üvverstande; wa'mer kei Jlöck hät, wor et de janze Zick hellwaach, ess schlääch jefuselt un am kriesche. Dann lijjen de Nerve vun der Mamm jetz allt ärch blank.

Nemme mer ens Fall A: Et Kind ess usjeschlofe, laach einer jot jesennt aan – dann jeit et Hätz vun de Jroßeldere op. Dat Klein ess leev för ze kläue. E richtich Leckerche.

Kütt et ehschte Jömertönche, dann weiß de Mamm Bescheid: Et Kind hät Schless! Un pack tireck die Quell us, ejal wo se steit un wä do ess odder jrad aan der Döör klopp.

Un dann läuf dat av, wat mer och als ahl Mamm noch em Kopp hät: Kind üvver de Scholder läje un wade op et Bäuerche! Dat kütt dann laut (mer wundert sich, dat dat klei Persönche su unappetitlich rölpsche kann wie ne Bauarbeider), un de Mamm ess stolz, weil et widder ens su jot jeflupp hät. Beim Opstüsse jitt dat Klein freiwellich en öntlije Fohr Milch zoröck, un der Mamm weed et op der Scholder un em Rögge jet wärm un feuch. Ävver Pänz jevven einem jo su vill zoröck!

Un wat dann? Richtich! Noh ner halv Stund rüch et jet streng em Wonnzemmer. Et ›Leckerche‹ hät de Botz jestreche voll.

Dä Rof noh der Jroß liet Freud opkumme. »Mamm, kanns do dat Klein evvens ens weckele?«

Natörlich kann dat die Jroß. Schleeßlich hät se selvs zwei Pänz jroßjetrocke un en dä Weckelphase vun je zwei Johr, alsu zweimol 365 Dach x 2 (weil zwei Pänz) x 5 (Mindestwindelwäääßel pro Daach) su vill Erfahrung jesammelt, dat dat och hück beim Enkelkind fluppe weed. Dat ess wie Radfahre, dat verlihrt mer nit. Falsch jedaach! »Mamm, do rieß däm Klein jo bal de Beincher us. Öm Joddeswelle! Ich maachen dat leever selver!«

Dat Thema ›Weckele‹ ess domet vum Desch. Eijentlich schad, mer woll jän helfe, un die eije Puute hann dat doch och ohne Höffschade üvverstande! Mer ess ennerlich e bessje verletz, darf et ävver nit zeije, söns wör de Doochter kott.

Der janzen Daach bliev dat Weckelditzje waach. Wie sing Mamm meint, well et nit schlofe, weil et ze neujeerich ess, ävver et riev sich de Äujelcher, un av un aan fallen se im dann doch för e paar Minutte zo. Mer darf jo nix sage, ävver meer hann fröher jelihrt, dat e klei Weckelditzje singe jerejelte Schlof bruch. Ov dat hück verhaftich anders ess?

Langksam kütt der Ovend, un dat klei Weech darf endlich ens schlofe. Jetz heiß et Rauh bewahre, weil, bes dat dat Klein enjeschlofen ess, ›alle Flöten schweigen‹. Dat heiß em Klortex: Mer darf sich jetz nit mih vum Wonnzemmer bes en der Flur ungerhalde un nor noch met leichtem Flöjelschlaach en de Köch odder op et Klosett schwevve. Em Huus weed et stell wie op enem Kirchhoff.

Uns jung Mamm mahnt de Jroßeldere, sich nor us kooter Entfernung leis ze bespreche.

Dä Satz »Mamm, no dummer bloß nit op der Trapp hoste, wann do jlich noh bovve jeis, söns weed dat Klein widder waach« nimmp de Jroß met verdrihte Auge och noch hin, ävver se kann sich jot op fröher besenne, wie ehr Pänz noch klein wore.

Hät sich dann su vill zwesche fröher un hück jeändert? Ehr Puute hann bei jedem Radau, ejal wo se wore un wievill Lück drömeröm jelaach un jesunge hann, wie de Sibbeschlöfer jeschlofe, mänchmol sujar hinger der Mamm op der Bank. Irjendwie wor en allem en Rejel, beim Esse, beim Schlofe, beim Spille.

Mer muss sich wal aan vill Neus jewenne, darf nit ze vill sage, wa'mer keine Unfridde hann well. Ävver mer sollt et och nit all schlecke!

De fresch jebacke Jroß nimmp sich de Doochter ens aan de Sick un de Doochter-Mamm hät verstande. Jeder jitt si Bess, un de Jroß darf beim nöhkste Besök vun de Pänz op der Trapp noh bovve och allt widder leis hoste.

Un dat beim üvvernöhkste Besök e neu klei Problemche optrett, domet hät de Jroß suwiesu allt jerechent.

Dat vun ehr jekaufte neue Laufstellche met löstich bunter Steppdeck am Boddem darf mer för et Enkelche nit jebruche, dat wör jo wie ›Kinder in Käfighaltung‹.

Weed die Steppdeck evvens op de Äd jelaat un rundseröm met Kösse enjerahmp. Dat ess dann ›Kinder in Kissenumrandung‹. Jeit doch!

Saach jetz nit Nä!

Zick Johre kummen allt de Enkel.
Mänchmol e paar Mol en der Woch.
Mer spille, laache, dunn Blödsenn maache,
Un do häss meddachs wärm jekoch.

Verzällen ovends noch e Märche,
Ze koot ess mehschtens su ne Daach.
Jov et och Trone beim Foßballspille,
Mer trüüste jän bes en de Naach.

R: Saach jetz nit Nä,
        Se jo'mer op der Senkel,
        Hann hück kein Loss op Enkel
        Un op dä janze Dress.
        Saach jetz nit Nä,
        Ens ohne Pämpersbüggel,
        Penatekräm un Nüggel,

Widder nor allein met deer
Dat wünschen ich meer.

Met jedem Ränworm du'mer schwade
Un helfe mäncher kranke Mösch.
Noh'm Kaate spille, wie Pänz et welle,
Jo'mer zesammen en der Bösch.

Mer hann kaum Zick, uns jet ze räste,
För Nix un Alles hann se Loss.
Ich denke mänchmol, wa'mer de Luff fählt,
E paar Dach Rauh wör ne Jenoss.

R: Saach jetz nit Nä...

Die Koh
Aufsatz drittes Schuljahr

Die Koh ess e ärch jodmödich Deer. Dat süht mer aan dä brung Kullerauge, die immer jet doof us der Wäsch lore. Su lort och off minge Papp, wann hä vum Fröhschobbe derheim opläuf. Un, die Koh ess jot jebaut (dat hät jetz nix mih met mingem Papp ze dunn), denn weil se veer Bein hät, aan jeder Eck ei, kann se nit ömkippe. Met dä veer Bein steit se eifach esu op der Wiss eröm. Wann die Wiss kei Jras mih hät, steit se eifach esu em Heu eröm, ävver nit lang, nämlich nor esu lang, bes dä jroße Wage kütt, dä dat Heu en de Schör brängk, do weed et em Winter jefresse, vun der Koh, nit vun mingem Papp.

Op der Wiss stonn Blome, Öhß un Köh un och ne Heet met singe Schöfjer. Ovends schlofen die all zesamme em Stall, un am nöhkste Morje weed die Bajaasch jemolke.

Met dem Schöfer jitt et dobei immer fiesen Ärjer. Dä well sich eifach nit melke loße.

Vun der Koh ha'mer de Milch, de jot Botter un de däftije Ohßestätzzupp. Nit ze verjesse die jesund Landluff, die su e Deer immer hinger sich herr trick, die ävver och off wie en Fahn em Wind einer vun vörre aanfällt. Mänchmol ess die jot Landluff esu stark, dat mer et Odeme jän för ne koote Momang verjiss.

De Koh ess met Rindsledder üvvertrocke. Ich froge mich, wiesu ming Mamm en Täsch us Rindsledder met rut/wieße Karos hät. Su en Koh hann ich he noch nie jesinn. Villeich ess dat en besondere Zoot, die der FC op der Jahnwiss heimlich züchten deit.

Üvvrijens, se ess e Säujedeer, hät vörre der Kopp un hingen hängk der Stätz. Ungendrunger hängk de Milch, mer muss nor öntlich trecke. Der Stätz ess för de Koh wichtich, domet verklopp se de Fleje, die söns en de Milch falle. En Koh jitt immer jot Milch, bloß wann et donnert, weed die jet soor, un dann ess och der Boor soor.

Der Mann vun der Koh ess der Ohß. Dä kann kein Milch jevve, weil aan däm bal nix hängk, ävver hä kann arbeide un brölle. Brölle kann hä et bess. Dat kennen ich vun ze Hus vum Papp.

En Koh ess ärch sparsam un pass jot en de Zick vun hück, wo alles immer dörer weed. Denn wat su en Koh eimol jejesse hät, iss die immer widder. Dat jeit eifach, dann deit se opstüsse, dat einem der Brell beschleit, hät de Mul widder voll un käut noch ens. Dat kann die e paar Mol maache.

Domet erennert die mich janz doll aan minge Jroßvatter. Dä kann dat met däm Opstüsse bal besser wie en Koh. E paar Mol ess för dä en Kleinichkeit, un ärch soor ruche deit hä och. Et schingk, mer hann nit nor jet vun de Aape jeerv, nä, jet vun de Köh ess och en uns.

Wä weiß, wo et dat vun hät!

De Eldere hatten dem Franziska versproche, su jäje fünf Uhr, nommedachs versteit sich, vum jroße Chressdachsenkauf widder derheim ze sin. Dann künnt it och noch zwei Stündcher bei sing Fründin spille jonn. De Spilltäsch hatt et Franziska allt jepack un aan et Trappejeländer jehange. Ävver bes de Eldere widder ze Hus wore, sollt et op sing zwei kleinere Jeschwister oppasse.

Singe Broder Pitter soß allt zick üvver ener Stund em Kinderzemmer am Desch un dät sich durch et Brochrechene quäle. Jejesse hatten se allt, de Mamm hatt vörjekoch, un et Franziska hatt och allt der Spöl jemaat un ens koot de Jrümmele zesammejefääch. Nevvenaan em Tralljebettche lohch et Mariecke un heelt singe Meddachsschlof. Et wor jrad zwei Johr alt un kunnt ohne Schlof der janzen Daach noch nit durchhalde. Eijentlich künnt dat Klein jetz waach wäde, daach sich et Franziska. It hatt de Schullaufjabe allt jemaat, ävver e neu Bohch aanzefange dät sich secher nit renteere. Beim ehschte Satz wöödt bestemmp die klein Krawallmöhn nevvenaan waach.

Irjendwie hatt et Franziska ne Japp op jet Sößes. De Mamm hatt vör e paar Dach Plätzjer jebacke, un der Jeroch wor noch em Hus. Dat die Plätzjer zom Chresskind ungerwächs wore, dät et Franziska nit störe. Dat wor jedes Johr esu, ävver secher hatt de Mamm em Jeheimfaach noch e paar lijje loße. It dät en jedem Schaaf un en jedem Spind schnäuve, nix Jescheits wor ze finge, un op selvs enjekochte Marmelad hatt it hück keine Apptit.

Em Köhlschrank stundt en aanjebroche Fläsch Wing. Do kom im dä Enfall: Wingkrem künnt it maache. It wor der Mamm dobei allt off zor Hand jejange un woss su unjefähr, wat ze maache wor: Kessel jenomme, Wing erenjekipp un dann e Päckelche Puddingpulver drungerjeröhrt.

Et dät jet klumpe un e paar vun denne Knubbele wore eifach nit klein ze krijje. Ejal, op der Ovve, dä aanjestallt, un dann woodt jeröhrt un jeröhrt. Dä Wingjeroch dät et Pitterche aanlocke. Mem Brochrechene kom hä suwiesu ohne de Hölp vum Papp hück nit wigger. Hä wor üvver die Idee vun singer Schwester bejeistert. Jrad en ner wichtije Röhrphase woodt et Marieche waach un dät brölle. Flöck krääch der Pitter der Schneibessem en de Fingere jedaut un dann av noh nevvenaan.

Et Marieche woodt op der Pott jesatz, en neu Botz lohch allt parat, un dann dorf et en der Köch om Kinderstöhlche die Kochschau met aanlore. Zoschauer sin immer jän jesinn.

»Franziska, die Wingkrem schleit Blose, dunn jet Zucker dren!« Dä Rotschlaach kom verhaftich vum Pitter. Hä hatt Woche vörherr en su ner Kochsendung en der Äujelskess jot opjepass.

Flöck hatt et Franziska de Zuckertüt parat, un dann dät it schödde un der Pitter röhre.

Noh ner Zick sohch de Wingkrem jenauesu us wie die vun der Mamm. Dat Spill vum Ovve jenomme, ens koot probeere. Widder kom der Enwand vum Pitter: »Ich jläuve, die künnt noch jet Zucker verdrage!« Noch ens e paar Löffele, un dann woodt der Kessel zom Avköhle en kalt Wasser jestallt.

No jov et Marieche sich aan et Kriesche. Et jov nix mih ze lore, un et hatt Schless.

Statt jet Appelkompott un e paar Zwieback krääch et hück nen öntlije Teller Wingkrem.

Der Pitter hatt der Desch schön jedeck. Vun de Kristalltellere vun der Jroß dät dat söße, sündije Züch noch ens su jot schmecke. Noh knapp zwei Tellere woren de Pänz satt. Dat Klein woodt en de Spilleck jescheck. Do dät et wie ne jefällte Baum ömkippe. Der Pitter hatt jetz

üvverhaup kein Freud mih am Brochrechene un laat sich
jet op et Kanapee, un et Franziska schrappte der Ress vun
der Wingkrem zesamme, vill wor nit mih do, un stallt dat
Schösselche för de Nohbersch-Katz vör de Döör.

Un dann komen de Eldere heim. De Mamm jingk ti-
reck en de Wonnung, der Papp dät noch de Pakettcher
uslade un sohch op eimol, dat sich de Nohbersch-Katz
tirvelte, wie wann se besoffe wör, un dann durch de Kohd
maat. Ärm Katz, hatt secher en Jleichjeweechsstörung, se
wor jo och allt älder.

Dä Rof vun der Mamm us dem Wonnzemmerfinster
»Franz, Franz, komm flöck!« verheeß nix Jots. Hä leet Pa-
kettcher Pakettcher sin un jöckten en de Wonnung. Em
Flur kom im de Mamm mem Marieche om Ärm allt ent-
jäje. »Wat kann dat Klein bloß hann?« Besorch dät se dem
Klein de Bäckelcher tätschele. Dat Klein dät jet brabbele,
wat mer nit verstonn kunnt, hatt e föörrut Köppche, un
sing Auge däten en zwei Reechtunge zejlich lore. Ävver
schlääch jesennt wor et nit, un Ping hatt et och nit. »Fran-
ziska, Franziska!«, reef de Mamm en ehrer Nut.

Et Franziska kom och, ävver et dät jet juxich de Bein
setze, klor Auge hatt et och kein mih un et Spreche feel em
esu schwer, dat der Papp op eimol stonn blevv, koot üvver-
läjen dät un wie ne Bletz en et Wonnzemmer leef. Un do
lohch et Pitterche. Et wor sillich am schlofe, dät schnorkse
wie nen Ahl, hatt och ne rude Kopp un dät öntlich noh
Wing ruche.

Jetz woss der Papp, wat jebacke wor. De Köhlschrank-
döör op. De Wingfläsch wor bes op e klei Stöözje leddich.

Dat et Franziska dä Besök bei singer Fründin ehsch en
Woch späder maache dorf, versteit sich vun selvs. Ävver
et wor keinem jet passeet, un se hann alle drei bes zom
nöhkste Morje jot durchjeschlofe. Noh e paar Dach wor
dat Spill verjesse.

Ävver e bessje schlääch Jewesse hatt et Franziska. En
Zick lang ess et öm et Marieche erömscharwenzelt, ov dat
nit jet vun däm Alkohol zoröckbehalden hatt; et dät av un
aan och ohne Wingkrem brabbele, wie it et noch nie je-
donn hatt.

Zoröckbehalde hät et Marieche nix. Et jeit mettlerwiel
en de Schull un kann jetz allt besser Brochrechene wie
singe jroße Broder.

Wä weiß, wo et dat vun hät!

Ich sinn der Stänehimmel

Endlich woren de Puute all us dem Huus. Nit, dat de El-
dere, et Rita un der Franz, se jedrängk hätte, ävver irjend-
wann müssen de Pänz erus un op eije Föß stonn. Un dat
wor jetz der Fall. E bessje Wihmot kom natörlich op un
och e bessje Angs, wie mer die neujewonne Freiheit op
de Reih krijje künnt. Et Rita un der Franz maaten sich su
ehr Jedanke, dozo kom die Frohch op: Wat maache mer
jetz met der janze Freizick? Un do et jrad Summer wor,
et Wedder jot un nix Besondersch aanstundt, komen se
allebeids op dä Enfall, ens widder jet Orlaub vum Ihealldaach
ze maache. Schleeßlich mööt mer sich suwiesu neu
arangscheere un orienteere, un för dat ze bespreche, wör
secher ne Orlaub nit verkeht. Ävver wohin?

Die beste Idee hatt der Franz: »Weiß do, Leevje, jetz,
wo mer widder för uns sin, künnte mer doch noch ens
su Orlaub maache, wie mer vör dressich Johr aanjefangen
hann. Maache mer doch ens widder Kämping! Dat hät
uns doch domols ärch jot jefalle.« Et Rita woodt ehsch
e bessje schineerlich, hatt et doch die romantische Zick
noch jot vör Auge un off dovun jedraump, dat noch ens
ze widderholle. Ze vill vun der Romantik wor en de janze

Johre verlore jejange. Natörlich wor et och jlöcklich, dat usjerechent der Franz, dä söns met nix jet am Hot hatt, sich op die Zick noch besenne kunnt. Jän nohm et Rita dä Vörschlaach aan, un su maaten se sich aan nem Wochenengk em Aujuss op der Wääch. Ne schöne Kämpingplatz wor en Italije flöck jefunge. Zesamme woodt met vill Laache dat klein Zweipersonezelt opjebaut, un dann kom se, de ehschte Naach en der Nator. Janz eng hatten se sich em Zelt zesammejepaasch un wore flöck enjeschlofe. Die Fahrt un och dat Zesammefrößele vun däm kleine Zelt hatt se doch allebeids möd jemaat. Se wore jo och kein zwanzich mih.

E paar Stündcher späder dät der Franz si Rita höösch un zäätlich wecke: »Augestänche, loor ens erop en der Himmel un saach mer, wat do do sühs!« Voll vun Jlöck un Jeföhle, dat der Franz die Zweisamkeit su jeneeßen dät, saat et Rita:

»Leevje, ich sinn Millijune vun Stäne. Einer strohlt heller un schöner wie der andere.«

»Un wat denks do dobei, Schatz?« frohchten der Franz.

Et Rita dät jet länger üvverläje un jov dann Antwoot: »Alsu:

Astronomisch jesinn sage mer die Stäne, dat do Millijune vun Jalaxie sin müsse un secherlich noch mih unbekannte Planete erömfleje.

Astrolojisch sinn ich em Augenbleck, dat der Saturn em Löwe steit.

Vun der Zick herr jesinn sage mer die Stäne, dat et su unjefähr halver fünf ess un bal der Morje kütt.

Theologisch jesinn weed et mer ens widder klor, wat unsen Herrjott jeschaffe hät, dat mer all he op der Äd klein sin un et op uns nit aankütt.

Metereolojisch schingk et för mich esu, wie wann et

morje ne wunderbare Daach jevven dät, dä mer Zwei dann för uns allein jeneeße künne.

Schatzemann, ich ben deer jo esu dankbar, dat do dä Enfall met däm Zelte hatts. Su noh wore mer uns lang nit mih. Ävver, no frogen ich dich, Fränzje, wat säht dä wunderbare Stänehimmel deer?«

Jetz wor der Franz för ne Momang stell un nohdenklich. Bloß nix Verkehtes sage, söns wör de Stemmung kapott. Ävver dann saat hä: »Praktisch jesinn säht mer minge Bleck en der Stänehimmel, dat uns einer et Zelt jekläut hät!«

Wat ess dann met däm?

Ming Fründin hät wie ich erwaaße Pänz. Jenau wie sich dat su en richtije Mamm wünsch, ne Jung un e Mädche. Natörlich sin dat hück allt jestande Lück vun bal veezich Johr. Der Son hät sich vör e paar Johr ne Jugenddraum erföllt un ess met singer Frau noh Schottland usjewandert. Als Kölsche kann mer dat zwor kaum verstonn, ävver, wie säht mer he su jän: Jede Jeck ess anders! De Haupsaach ess, dat sich dä Jung met singer Famillich – en der Zweschezick sin em schottische Huhland zwei klein Enkelcher dobeijekumme – wohl föhlt.

Su jenau weiß ich nit, wo die vun levve, ävver ich jläuve, se hann jet met Ackerbau un Vehzuch un natörlich jet met Schöfjer ze dunn. Ming Fründin ess mehschtens zweimol em Johr för e paar Woche do op Besök un kütt jedes Mol zefridde widder noh Kölle, weil se jesinn hät, dat et däm Jung do richtich jot jeit.

Em vörrije Johr moot der Son unverhoots ens för e paar Dach jeschäfflich noh Kölle un hät, ovschüns de Zick immer knapp bemesse wor, der Mamm ne jroßen

Deil dovun jeschenk. Un ming Fründin hät dat jenosse, ens widder janz allein mem Jung flaneere ze jonn, ovends jenöhchlich em Bräues ze setze un eifach nor üvver Jott un de Welt ze verzälle. Un, wie immer, jingken se am letzten Daach zesamme enkaufe, all dat, wat et em Land vun dä hundertdausend Schöfjer nit jitt. Bal zwei Enkaufswage hatt hä huhvoll jelade met Roggebrut, Nutella, Zervelatwoosch, Klöß, rude Kappes, diverse Schukelad, Backmischunge, för nor e paar vun dä Leckereie opzezälle Jetz woodt noh der Kass Usschau jehalde, wo de winnichste Lück aanstundte.

Der Jung hatt allt su unjefähr veer Meter op dat Laufband dropjelaat, de Mamm wor ungerwächs, för e paar Katongs ze orjaniseere, do kom die fründlije kölsche Stemm vun der Kasseererin wie nen Donnerschlaach: »Wat ess dann met däm?« Der Mamm woodt et jet plümerant. Op eimol wor su en Unrauh em Lade. Die Lück, die sich hinger däm Son aanjestallt hatte, jingken e paar Schrett zoröck, wie wann metens en Epidemie usjebroche wör, un bleffe wie Schaufinsterpoppe ohne Bewäjung stief stonn. Un jetz dät och noch dat Laufband stoppe. Dem Son broch der Schweiß us alle Pore, de Mamm moot sich am Enkaufswage fasshalde. Et Klöckelche vun der fründlije Kasseererin dät Alarm klingele, un dann kom hä, der Här vun all dä Kassehüsjer, der Kassenoberwart, aanjeschrömp un dät em Stonn met de Höfte schwenke wie Wyatt Earp, Jottjedank noch ohne Revolver, ävver jenau su weld entschlosse wie dä.

Ming Fründin dät opodeme, keine Revolver, alsu su schlemm wöödt et wal nit wäde. Et entstundt ne Disköösch met all dä Lück drömeröm, die jet ze sage, ävver nix ze sage hatte, un jetz woss de Mamm och, wat se falsch jemaat hatte: Se hatten sich aan der Kass för ›Mutter und Kind‹ aanjestallt, aan die mer sich bloß met hühkstens zehn Deil aanstelle darf. Dat Schild hätten se doch wal lese künne, un dat met dä zehn Deil weiß mer eifach. Dat mööt sich doch bes en de schottische Highlands erömjesprochen hann. Wat jetz?

Här Wyatt Earp kom inne dann, noh langem Üvverläje, ärch entjäje un bott dat Ömlade op e ander Laufband aan, allerdings hädden die Prozedur vill länger jedo't wie alles andere.

Su dät die Kasseererin, nohdäm se su laut, dat et jeder höre kunnt, unungerbroche »Noh meer fröhch he jo keiner!« vör sich herr jeschannt hatt, endlich op de Zäng bieße un met öntlijem Widderwelle en de Auge die Saache endröcke un avkasseere.

Natörlich hät sich der Son vun minger Fründin, jot jetrocke wie hä no ens ess, bei der Kasseererin un dä Kunde, die hinger im stundte, entscholdich un doför bedank, dat die Saach su nett jerejelt woode wör.

E paar Lück däte jet soor jriemele, un mer kunnt inne em Jeseech avlese, wat ens widder för ne Blötschkopp ze domm wor, för dat Schild aan der Kass richtich ze lese. Et jiddere evvens...

Koot vörm Erusjonn jingk der Son dann doch noch ens flöck zoröck aan die Kass, wo och Mr. Wyatt Earp noch stundt, un saat met nem Laache en de Auge: »Alsu, dat muss ich doch noch loss wäde, falsch ha'mer nit jestande. Dat do vörre ess ming Mamm, un ich ben dat Kind, alsu si'mer ›Mutter und Kind‹, un mer stundte richtich. Ävver ehr hatt üch verdonn; ehr mütt wal en Zokunf e Alder för dat ›Kind‹ aanjevve!«

MÄNCHMOL DENK MER JÄN ZORÖCK

Nor friedachs woodt jebadt

Wat ka'mer hück nit alles dunn,
För singe Body fit ze halde!
Sälvjer, Krämcher, Pille, Droppe
Käuf mer sich jrad jäje Falde.
Deit sich dusche, bade, wäsche.
Ess ze vill nit unjesund?
Fröher jov et doch en Rejel,
Aan die mer sich jot halde kunnt:

R: Nor friedachs woodt jebadt,
           Aan keinem andre Daach.
           Et jov kei Wellness-Badesalz
           Met nem Exotik-Döffje,
           Dä Fechtenodelwaldjeroch
           Lohch domols schwer em Lüffje.

En nem Zwei-Phase-Peeling-Bad
Do ka'mer singe Body fläje.
Em Badesalz vum ›Toten Meer‹
Darf mer sich sujar bewäje.
Em Lotus-, Hunnich-, Ruseöl
Puddelt mer sich ovends jän.
Domols moot mer öntlich spare.
Litt dat dann ihrlich allt su fän?

R: Nor friedachs woodt jebadt...

Fründe

En en Famillich unbedaach
Weed mer jebore üvver Naach.
Zor Huhzick kritt mer se jeschenk,
Die ander Lückcher bes aan't Engk.
Bei Fründe jeit dat nit su flöck,
Doch mänchmol hät mer eifach Jlöck.
Mer kann och söke en nem Haufe,
Doch sin met Jeld se nit ze kaufe.
Denn nor wann Hätz un Siel sich finge,
Dann weed en Fründschaff ech jelinge.

Ich hatt vill Jlöck, ich fung en Häd
Vun Fründe, die he op der Äd
Mer jevve, wat för mich ess jot:
Laache un Kriesche, Freud un Mot.
Mäncheiner allt zick fuffzich Johr
E Stöck vun meer ess, dat ess wohr.
Se dunn mich trüüste, lovve, feere,
Mänchmol och öntlich kritiseere.
Se hann off Rääch, ich dunn et schlecke,
Denn Fründe ka'mer sich nit strecke.

Se dunn mich stippe, wann ich schlääch
Berode woodt op mingem Wääch.
Tredden mich en de Fott met Schwung,
Wann ich verbrenne mer de Zung.
Vertraue kann ich inne blingk –
Su e Jeschenk mer selde fingk.
Jrad hück mööch ich ens Danke sage;
Ehr hatt mich, wie ich ben, erdrage!
Zesamme stark un fass verbunge,
Hann Pott un Deckel sich jefunge.

Vun klein op heelt ich Fründschaff huh,
Ich sinn dat hück noch immer su.
Un wann nit immer alles flupp,
Weed mer ens koot zeräächjestupp.
Et fingk sich immer noch ne Wääch
Noh nem Disköösch. Hann ich nit Rääch?

Ich hoffe, ehr haldt treu zo meer.
Kloppt, wann ehr wellt, aan minger Döör!

Dann komm bei mich

Mänchmol ess et Levve
Su wie de Johreszick.
Jester wor ne Sonnedaach,
Hück ess bedröv der Bleck,
Dann komm bei mich,
Ben do för dich.

Et läuf all wie e Döppche,
Do määs janz vill Jewenn,
Doch jet, wat do verjessen häss,
Dat höllt dich puffspaafs en,
Dann komm bei mich,
Ben do för dich.

R: Dann komm bei mich,
    Wann eifach nix mih läuf.
    Su flöck weed keine Hungk versäuf.
    Ich helfen deer, verloß dich janz op mich.
    Mer zwei krijjen dat op de Reih.
    Kopp huh, do weiß, ich ben dobei;
    Jet klüngele, dann flupp dat och för dich.

Hät deer de Bank jeschrevve,
Ding Zinse sin futtü,
Selvs aan all ding Akzije
Do küss do jetz nit mih,
Dann komm bei mich,
Ben do för dich.

Weil bovvenhuh dä ›Bänker‹
Met dingem Jeld jeprass,
Häss do nix mih aan de Föß
Un och nix en der Kass,
Dann komm bei mich,
Ben do för dich.

R: Dann komm bei mich...

Jetz kanns do nix mih spende,
Bess nit mih intressant.
Mer liet dich eifach falle,
Steis mem Rögge aan der Wand,
Dann komm bei mich,
Ben do för dich.

Jeit et deer widder besser,
Dann sin se flöck zor Stell,
Hann all jewoss, dat do dat schaffs.
Fründ, drieß op dä Verzäll,
Dann komm bei mich,
Ben do för dich.

R: Dann komm bei mich...

Lutz und Orbieta

Ming Fründin, et Sting, hatt vör veer Woche en singem Einfamillijehuus ne Wasserrohrbroch em Keller.

Hück treffe mer uns zo unsem Veer-Fründinne-Klaaf-Kränzje, wat jedes Veedeljohr bei nem andere vun uns ess, beim Sting, un de Üvverschwemmung em Keller ess natörlich et Thema Nummer eins. Un dat kann hück su flöck keiner vun uns toppe.

Mer föhlen all met unser Fründin, schleeßlich hatt jeder vun uns allt ens Wasser em Keller stonn un weiß, wie unappetitlich un möhsam die ›Entsorjung‹ vun däm verdreckte Krom ess. Vun där Zick, die mer allein för et Uszorteere bruch, ens avjesinn. Wat die janze Aanjeläjenheit noch schlemmer määt, ess dä Disköösch met der Famillich, un zwor met däm Deil, dä nit zom Entsorjungs- un Oprühmteam jehö't, ävver öntlich jet ze kamellen hät. De Pänz, allt lang us dem Hus, melden op eimol Aanspröch aan lang verjesse Saache aan: Abiturordner, Kinderböcher, ahl Strandtäsche, Ruderwimpele; dat Kessje met de Lockeweckler för de Schlussballdauerwell ess op eimol widder intressant, Fedderballschläjer (ohne Bespannung), Foßballsammelbilder vun Anno Pief un, nit ze verjesse, de Legostein un de selvsjebastelte Zint-Mätes-Latäncher un Pattevüjjel. Eijentlich hann se all die Saache üvverhaup nit vermess un wore froh, dat se dä ahle Krom nit en die neu Wonnung metzenemme brohte. Wann die Saache ävver durch ne Wasserenbroch em Ungerjeschoss vum Eldernhuus vör sich herr stinke un der Container allt vör der Döör steit, meldt unverhoots jederein si Intresse aan.

Su och beim Sting.

Un dann passeet et nöhkste Drama. Der Ex-Ihemann, dä för ze helfe flöck ens vörbeijekummen ess, wat dem Sting als Ex-Ihefrau allt suwiesu ärch aan de Niercher jeit, süht op nem Rejal, jet hüher jeläje, alsu nit tireck en der Jefahrezon, en ahl lutherische Bibel. Keiner vun der Famillich woss mih, dat en däm möffije Keller su ne Schatz verstoche wor.

Die Bibel weed jerett, un all die ander opjefeschte, stinkije Antiquitätcher, die sich langksam am Oplüse sin (et künnt jo villeich noch jet Wäätvolles dobei sin), wäden ehsch noh fachmännischem Ungersöke un Durchblädde-re, wat e paar Dach do't un et Sting bal rammdösich määt, endlich en der Container usrangscheet.

Meer, dat Klaaf-Kränzje, mööchte jän die Bibel ens sinn. Die litt natörlich nit mih em jefährlije Keller, nä, die steit jetz aan ner Plaaz, die nor för janz wichtije Böcher jedaach ess: op der ehschte Etaasch em Rejal. Su huh weed wal kei Wasser steije!

Met Respeck bläddert et Brijitte, et ess en studeete Journalistin un en Docktersch der Philosophie, en däm ärch jot erhalde un nor leich möffije Bohch. Met Schrefte un Böcher kennt et sich jot us.

Op der ehschte Sick steit nevven dem Erscheinungsdatum, wat mer nit mih jenau entzeffere kann, weil jrad op där Stell ne decke Tintefleck ess, en Widmung en Sütterlinschreff. Kein vun uns Fründinne zwiefelt dodraan, dat et Brijitte üvver Sütterlin jenaustens Bescheid weiß, wie it die Widmung, ohne ze zöjere, met ›Lutz und Orbieta‹ üvversetz.

Ich wundere mich e bessje, dat et domols allt esu exquisite Name jov: Lutz ess zwor nit esu jet Besondersch, ävver Orbieta hann ich noch nie jehoot. Heiß nix, et kann jo all müjjelich sin.

Un dann kütt ming Stänstund! Ich jläuven doch nit esu richtich aan ›Lutz und Orbieta‹. Och ich hann en der Volksschull en de fuffzijer Johre vum letzte Johrhundert Sütterlinschreff als Schönschreffübung schrieve un dodurch zwangsläufich och lese jelihrt, un dat kann ich hück widder janz jot, weil ich vör e paar Woche en Famillije-chronik vun enem Fründ, die en Sütterlin jeschrevven ess, versook hann, en de Schreff vun hück ze üvverdrage. Et wor zwor jet möhsam, ävver ich hann mich widder – wie säht mer esu schön? – enjelese!

Ich werfe bloß ne koote Bleck üvver de Scholder vun der Frau Dockter un weiß, dat dat, wat do steit, nix met Lutz und Orbieta ze dunn hät, nä, ›Bete und Arbeite‹ heiß. Un dat sagen ich laut en die Kafferund.

(Nor esu: Wä kennt vun üch noch Sütterlin? Do sohch dat jroße ›B‹ wirklich us wie e ›L‹, un dat klein ›e‹, dat woren die zwei Domtöön, eng nevvenenein. Die kunnt mer jot met enem ›u‹ verwääßele. Dat schnörkelije jroße ›A‹ met singem decke Buch süht, wa'mer kein Ahnung vun der Schreff hät, ihter wie e jroß ›O‹ us. De Frau Dockter Brijitte hät wal jet jerode! Ävver dat sagen ich ehr natörlich nit.)

Dat Jeseech, wat et Brijitte en däm Momang määt, wie ich dat Kaffekränzje informeere, mööch ich mer jän enrahme. Opjeräch lort et mich aan: »Wiesu kanns do dat esu flössich lese, do bess jo sujar noch e paar Jöhrcher jünger als wies ich?«

Der janze Nommedaach ess et Brijitte domet beschäftich, immer widder leis en der Raum ze sage: »Un do küss do su eifach un sähs Bete und Arbeite un liss dä Ress vun der Widmung erunger wie de Dachszeidung!«

Ich mööch nit leje, ävver et deit mer ärch jot, dat ming Fründin ohne Neid aanerkennt, dat ich dat e bessje besser kunnt wie sie.

Su e Stänstündche passeet mer nit off; ich dunn et öntlich jeneeße.

Wie wor dat met dem Dante?

Nä, dat kann doch nit wohr sin, do steit doch verhaftich e Klassetreffe en et Huus.

Ich hann zwor zick fuffzich Johr us der Realschull noch immer ming Fründin. Dat allein ess allt e Jeschenk, un bes hück ha'mer uns immer unger uns jetroffe. Un jetz dat jroße Klassetreffe!

Dat ess ihrlich ne joden Enfall. Zwanzich Johr ess et allt widder herr, wie mer uns zom letzte Mol jesinn hann. Ov ich die Fraulück noch all op de Reih krijje? Jrad wa'mer älder weed, verändert mer nit bloß de Hoorfärv, nä, off och et Jeweech. Ich zerbreche mer der Kopp. E paar Name weiß ich noch, Mädchename versteit sich. Ävver die Jeseechter! Nix vun denne well mi Jeheensschaaf freijevve. Vun e paar andere hann ich de Jeseechter em Kopp, ävver weiß der Name nit mih. Dat weed ne Ovend jevve! Blameere dunn ich mich bestemmp bes op de Knoche.

Et bess wör, ich wör janz fröh do, dann mööten se sich all bei meer vörstelle, un ich wör us dem Schnieder.

Su hann schings e paar vun minge mettlerwiel ahle, ävver noch immer intellente Klassekameradinne och jedaach. Ich ben nit der ehschte maloteblonde Kopp, dä vörsichtich en der Weetschaff op der Eck öm de Eck lort. Un do stonn allt e paar vun minger Zoot. Ov blond, ov jries, ov brung, janz ejal, ävver die, die do stonn, hann sich all, wie et vun wiggem ussüht, jot jehalde.

Un dann jeit et loss: »Wä bess do dann?« »Och jo, jetz, wo do et sähs, do häss dich jo üvverhaup nit verändert.« Jetz well ich nit sage, dat dat bewuss jelogen ess met däm ›nit verändert‹. Villeich woll mer bloß einer en Freud maache un hät ming zwanzich Pund mih, die einem tireck en et Auch falle, ming jries Hoore un ming neu Zäng höflich üvversinn. Natörlich weiß ich mer och ze helfe: »Do, do bess doch et Hanni! Do häss doch nevve mer jesesse. Hann ich eijentlich vun deer odder do vun meer avjeschrevve?« Su jenau weiß dat vun uns keiner mih, ävver durchjekumme si'mer all.

Un dann weed vun de Lehrer verzallt. Weiß do noch die un die, die ahl Schrappnell? Die kunnt doch keiner vun uns su richtich ligge, ävver jelihrt ha'mer bei der Zang nen Haufe. Un Bio! Wo de klein Puute herr kome, woss keiner vun uns. Mer kannten doch nor de Bestäubungstheorie vun de Biencher un vun de Blömcher. E paar vun uns hann dodurch allt Pänz, die en de Veezich sin. Se hann ärch fröh bei der Bestäubung de verkehte Blom jenomme. Un ich hann ehsch jet spät de Bestäubungsaat jeändert, ävver et hät doch noch jeflupp. Mingem Son hät die späde Mamm nix jeschadt.

Uns Deutsch-Lehrerin hät jo domols allt ärch huh Aanspröch aan uns jestallt. Mer mooten uns, för e Referat ze halde, jeder nen Deechter ussöke. »Saach, wä hatts do dann?« »Ich? Kafka.« (Ming Ihrfurch vör däm, wat mer fröher all lihre moote un ich verjessen hann, steich.) »Un do?« »Ich hatt Hölderlin, dat wor nämlich domols ming Stemmung. Dunkel un bedröv.« Die bedrövte Stemmung hatt domols vun uns andere keiner metkräje. »Un wie wor dat bei deer?«, widder die Frohch aan en Klassekameradin. »Alsu ich, ich ha'mer mem Jisela der Goethe jedeilt. För ein vun uns wor dä ze vill.« Us ner ander Eck der Zwescherof. »Un weil der Heine nit mih frei wor, hann ich Herder jenomme.«

Ein vun uns hatt sich dann der Grillparzer unger der Näl jeresse. Doch vun mer selver woss ich et nit mih, ävver die andere. »Do, do hatts Dante!« Ich un Dante! Ich hann üvverhaup kein Ahnung mih, wat dä Kääl jeschrevven hät. Wat muss ich fröher fies intellent jewäs sin! Dante, dat wor doch ne italjänische Deechter un Philosoph, jebore en Florenz. Wor dat nit dä met dem Nohname Aldente, Allerjie, Allegro? Op jede Fall wor et nit Alaaf, dat weiß ich jenau. Ennerlich, deef benne, ben ich jet ärch stolz op mich. Dante! Dante, jetz fällt et mer widder en: Dante Alighieri: ›Die göttliche Komödie‹. Wä hätt dat vun der Tant jedaach! Mer sin mettlerwiel drücksehn Fraulück, un de Schnüsse stonn nit stell. Jeder hät us der Schullzick jet anders behalde, ävver wa'mer die Erennerunge all zesammeschmieße, jitt dat su e schön rund Bild, dat mer sich e Loch en der Buch freut, weil mer för e paar Stündcher widder zoröckversatz weed en en Zick, die mer hück jän noch ens widderholle däte.

Natörlich hät die ein ov andre vun uns och vill Sorje un Leid erlääv, ävver dat weed hück nor esu am Rand verzallt. Dat ess nix för su en jroße Rund, un ich jläuve, jeder vun uns mööch eijentlich, un wann et och nor för koot ess, noch ens su jung wie fröher sin. All dat andere hät mer jo jeden Daach suwiesu derheim.

Schad, dat ein Klassekameradin avjesaat hät, der Hungk wör krank. Ihrlich, vill Verständnis hann ich doför nit. Et hädden sich bestemmp, wa'mer sich bemöht hädden, en Müjjelichkeit jefunge, doch ens, wann och nor koot, bei uns erenzelore. Ävver, wie ha'mer dat all en unsem Levve jelihrt, jeder setz sing Prioritäte anders. Aan et Nohdenke brängk mich dat trotzdäm, denn wann treffe mer uns et nöhkste Mol widder? Noch ens zwanzich Johr sollte mer nit mih wade, dann köme mer bestemmp met nem kleine Desch us.

Mer einije uns op veer Johr, dann weed der Hungk sing Malätzichkeit wal üvverstande hann, un ich ha'mer bes dohin noch ens dä ahlen Dante zor Bruss jenomme!

Mer kann et su odder su sinn

Wa'mer sich Lück belort, die em jliche Alder sin wie mer selvs, dann kütt derheim die Frohch op: Dat kann doch jar nit müjjelich sin, sinn ich och esu alt us wie dat Faldejeseech do vör mer? Un dat Schlemme ess: Secher sinn ich och esu us, well et ävver nit wohrhann. Jottjedank verjiss mer dat flöck, un su jingk et och dem Marie.

Et Marie soß em Wartezemmer vun nem neue Zahnarz un hatt do – wie säht mer su landläufich? – de ehschte Setzung. Dä Zantklempner hatten im Fründe, die noh e paar Behandlunge ärch zefridde wore, aan et Hätz jelaat. De Wäng em Wartezemmer wore volljehange met Diplome un Ihrunge. Et Marie jov sich aan et Lese. Op all dä Diplome un Schreffstöcker stundt dä volle Name vun däm Wunderdockter drop, un unverhoots feel et dem Marie wie Schuppe vun de Auge: Met däm bess do doch vör üvver dressich Johr en de Schull jejange. Jrad aan et letzte Johr en der Oberstufeklass kunnt et sich noch jot erennere. Dat wor doch dä jroße, schlanke Poosch met dunkle Hoor. Hä sohch us wie ne Filmschauspieler. Hatt jroße brung Auge un ne Mungk, dä jedes Mädche us der Klass aan et Dräume braat. Natörlich och et Marie. Künnt dat verhaftich derselve Jung sin, op dä it domols, hück wöödt mer sage ›scharf‹ wor? Et Levve hält mänchmol Üvverraschunge parat!

Ävver nohdäm et Marie dä Dockter jesinn hatt, hatt it die schön Jedanke flöck bejrave. Vör im stundt ne ahle Mann, die paar Hoore, die hä jot verdeilt op der Plaat noch hatt, wore jries wie nen ahlen Esel un et Jeseech kunnt mer unger dä Falde kaum erkenne. Singe wieße Dockterkiddel dät der decke Buch jrad noch verdecke. Dä Kääl ess doch vill ze alt, för minge Klassekamerad ze sin, daach sich et Marie.

Nohdäm de Behandlung vörbei wor, hät et sich dann doch e Hätz jenomme un jefrohch, ov hä och en de Albert-Einstein-Schull jejange wör. Mer kunnt im sing Üvverraschung em Faldejeseech avlese. Sing Antwoot kom jet nohdenklich: »Jo, ich wor do!« Jetz woll et Marie et ävver jenau wesse. »Un wann hatt Ehr et Abi jemaat?« Sing Antwoot kom wie us der Pistol jeschosse: »1975, ävver woröm wellt Ehr dat wesse?« »Ehr wort domols en minger Klass! Do sidd Ehr secherlich paff!« Öntlich verbasert lorten hä dem Marie en de Auge, un dann hät dä hässlije, jriese, zerknidderte, decke, fette, widderlije ahle Knopp jefrohch: »Un en wat för nem Faach ha'mer Üch domols jehatt?«

Mer muss bloß drop kumme

Wie flöck de Zick verjeit, kritt mer unger de Nas jehalde, wann op eimol en Enladung em Brefkaste litt, met där mer nit jerechent hät: »Hätzlije Enladung zor jolde Konfirmazijun«. Jefeet weed dat schöne Fess, wie sollt et anders sin, en där Kirch, en där mer och domols konfirmeet woode sin.

Su jingk et, wie mänch andere, och dem Billa. Un sing beste Fründin, et Lisje, se woren allt üvver fünfunfuffzich Johr zesamme, kom för dat (wie säht mer op modän?) ›Event‹ us dem Westerwald, wo der Wind mehschtens kalt blös, aanjereis.

Noh e paar Stündcher met Laache, Verzälle un de Widdersinnsfreud jeneeße, jeneeße met e paar Jläsjer Rutwing, woodt de Vörfreud immer löstijer. Un (wie sollt dat bei Fraulück anders sin?) et kom irjendwann die levvenswichtije Frohch em leich beduselte Kopp op: Wat tricks do dann morje fröh aan?

Et Billa hatt sich för dä Optrett extra ne janz dolle Botzeaanzoch jejunnt, weil dat Konfirmazijunskleidche, wat it noch em Schaaf en der hingerste Eck verwahrt hatt, jet ärch knapp öm de Bruss un de Fott soß. Wann it ihrlich wor, wor dat Kleid nit nor e ›bessje‹ ze eng, nä, och mindestens drei bes veer Kunfekzijunsjröße ze klein. Fuffzich Johr sin för en Fijor en lang Zick!

De Fründin hatt sich natörlich, och wann se us dem Westerwald kom, nit lumpe loße un – wie et Billa – en neu Kledaasch zojelaat, ne Botzeaanzoch. Zofäll jitt et! Wie et Lisje, stolz wie ne Pädsköttel, die Schotzhöll, en där it dat neu Prunkstöck em Auto aan nem Kleiderhoke transporteet hatt, avnohm, öm die ›Haute Couture‹ zo präsenteere, woodt et kniggewieß, schnappte noh Luff, leet enen Bröll un feel met Kriesche un Lamenteere dem Billa en de Ärme. Weil et Lisje kei Woot erusbränge kunnt, kom et Billa ehsch noh detektivischer Kleinarbeit dohinger, dat unger däm neue Bovverdeil kein Botz en der Schotzhöll hing, un dat am Sambsdaach, spät ovends, su jäje elf. Sonndachs öm nüng wor dat wichtije Fess.

Et Lisje woodt zo Stein, un et Billa dät sich met nem Laachkramp erömschlage. E paar Jläsjer Rutwing maachen allt ens en messlije Zituazijun jet löstijer.

No muss mer ens verzälle, dat et Lisje vun der Fijor herr nor de Hälfte vum Billa wor, dozo ävver noch ne Kopp jrößer. Dat maat jetz och dat Problem jrößer.

Der Neres, die bessere Hälfte vum Billa, kom denne Zwei zor Hölp un hatt ne joden Enfall.

Et Lisje künnt doch för die paar Stündcher en Botz vun im aantrecke. Dat hädden dann och bal jeflupp, wann et Lisje jet mih Fülle ungeneröm jehatt hädden. Su sohch dat ärm Weech, jrad em Schrett, us wie ne usjestoppten Harlekin. Üvver de Länge bruche mer jar nit ze spreche. En Botz vum Billa kom nit en Frohch, ehschtens jingk die der Fründin nor bes aan de Wade un zweitens kunnt die en der Tallje noch e paar Lück met enpacke.

Der Enfall, en Jeans schwatz enzefärve – ohne Färv, su jet hät mer nit em Vörrot – braat se och nit wigger. Ävver noch woll kein vun dä Fraulück opjevve.

Em Krosschoss vum Billa feel däm op eimol ne ahle Sammetrock en de Fingere. Wa'mer dä jet länger frößele künnt... Et Billa, en Frau vum Faach, jov sich aan et Knuve. Vun der Tallje woodt e Stöck erusjeschnedde un ungen aanjesatz. Jetz fählte nor noch ne stramme Jummi, dä der föllije, kruse Rock jot halden dät. Die normale Durchzieh-jummis woren doför vill ze schmal, un die ömmelije Jummis en de Fraueungerbotze braaten et suwiesu nit.

Widder wor der Neres, ohne dat hä doför kunnt, der Retter. Us e paar vun singe Ungerbotze woodt der Jummi erusjetrocke, öntlich verknöddelt un dann durch dä Tall-jeschlauch jefRößelt.

Längs wor et Lisje, met Hölp vun noch e paar klitze-klein Jläsjer Rutwing, widder am laache, un am nöhkste Morje kunnt it em ärch jeräumije Wallawalla-Rock wie e Supermoddel durch de Kirch stolzeere. Keiner hät jet je-merk.

Dä Aanrof am nöhksten Daach vun der Doochter vum Billa, die sich vun der jolde Konfirmazijun jet verzälle loße woll, wör besser nit jekumme.

Beim Schwade stellten et sich erus, dat die ›Arkaden‹ en Düx aan däm unjlöcklije Sambsdaach bes Meddernaach op hatte. Dat worf die zwei Fründinne öm Stunde zoröck: Wa'mer dat jewoss hädden... Ävver wä weiß, ov dat Lisje, su unger Drock, do üvverhaup de richtije Botz jefungen hädden.

Su hatt it winnichstens eimol em Levve dat Jeföhl, üvverall am Liev jet ›staatser‹ ze sin!

JET FASTELOVEND

Fastelovend pur

Wann et Weihnachtsjeld verjöck,
Der Schneimann langksam sich verdröck,
Mer all Silvester hann jefeet,
Weiß jede Kölsche, wat passeet.
Jetz hät et neue Johr sing Zick.
Un endlich ess et esu wick:
Wann de Knabbüs weed präsenteet,
Singk jede Kölsche he dat Leed:

R: Wann dann de ehschte Trumm laut röf,
      Der Lappeclown nit mih bedröv,
      Et Dreijesteen määt sich op Tuur,
      Dann ha'mer Fastelovend pur!

Wann widder Freud am Levve kütt,
Sich langksam fölle Saal un Bütt.
Et Clownskostüm weed vun der Läuv
Jehollt, dodren erömjesträuf;
Wann sich der Elferrot bewääch
Un laache süht mer jedes Weech;
Wann selvs der Präsident jalant
Der Jungfrau bütz de Männerhand:

R: Wann dann de ehschte Trumm laut röf...

Et Ihreamp

*Anton und Gertrud Kolvenbach sitzen zunächst auf einer
Bank auf dem Friedhof.*

Jertrud   Jung, dat wor ävver hück e mickrich Bejrävnis.
*(Danach müsste ein Satz mit dem Namen des
Verstorbenen und des Friedhofs folgen.)*
Aan der Thek hät hä jo immer de Schnüss
opjeresse, wie ›beliebt‹ hä em Veedel ess.
Ävver hück hann se im all öntlich jet jedresse.

Antun   Weiß do, Jertrud, un et Dömmste för uns
ess, dat mer noch nit ens op en Tass Kaffe
enjelade woodte. Bei dä paar Lück hät die
puckelije Verwandtschaff, die et doch all erv,
eifach et Fellversuffe jestreche. Mer kann
sich op nix mih verloße!

Jertrud   Schad, muss ich uns doch verhaftich hück
Ovend selvs en Botterramm maache! Koss
widder nor ming Jrosche. Wat ha'mer dann
söns noch vör?

Antun   M e e r hann jar nix mih vör. I c h jonn hück
Ovend flöck en de Weetschaff ›Zom ahle
Esel‹ op der Eck, do ess Vörstandssetzung
vun de ›Löstije Nierestein vun 1888‹. Un do
solle doch verhaftich och noch e paar Jründ-
dungsmetjlidder dobei sin.

Jertrud   Do wolls doch nie mih doherr jonn, do häss
dich doch esu üvver die schläächte Plätz op
der letzte Prunksetzung jeärjert.

Antun   D o häss dich jeärjert, ich nit, meer hät
dä Desch vörm Klosett nix usjemaat. Dat ess
widder typisch för dich: Do wells nix bezahle,
aan Desch eins setze un och noch bejröß

wäde. Un wann dat nit esu flupp, weed tireck de Fress opjeresse.

Jertrud Saach, do Hangdeer, wie sprichs do dann met meer? Schleeßlich ben ich ding Frau, de Frau vum zweite Schreffföhrer. Dat steit mer all zo.

Antun För ming Prostata ha'mer jenau richtich jesesse. Ich hatt kein Moläste, ich wor immer flöck am Ball, eh am Brell!

Jertrud Ävver hück, op där Vörstandssetzung, häss do mer verzallt, weed widder ne Jeck för all die Pössjer jesook. Nit dat do dä bess!

Antun Jertrud, no rääch dich nit esu künslich op! Do jläuvs doch nit, dat ich op su ne fule Schmuus vum Vörstand erenfalle!

Jertrud Dann ben ich ävver ens jespannt, wat die för en Trööt finge, die als Präsident de nöhkste drei Johr met sich der Molli maache liet.

Antun Ich kennen dat doch, eine Doof fingk sich immer. Dä steit en der Eck eröm un wadt dodrop, dat mer singe Name röf.

Jertrud Hoffentlich bess do dat nit!

Antun Ich passen doch jar nit en denne ehr Schmölzje! Do kenns doch die Käls!

Jertrud Dat stemmp. Ich kenne nit bloß die Käls, ich kennen och die Wiever! Wie jän wör et Rösje, die Bunnelatz vum Strunze Pitter, dat Faldejeseech, Frau Präsident!

Antun Wie, wä? Dat Rösje vum Pitter? Dat jläuvs do doch selver nit!

Jertrud Häss do en Ahnung, wat Fraulück met einem Augeopschlaach alles maache künne! Die ahl Hipp meint doch immer noch, se wör jrad engks zwanzich.

Antun Wie küss do dann dodrop!

Jertrud	Die Jammertrööt dräht doch hück noch esu klein un koote Röckcher, wie mer se fröher en der Kinderverwahrschull jedragen hann, un dat wor vör üvver fuffzich Johr. Dat Preziösje als Frau Präsident, dat ich nit laache! Üvvrijens, Antun, ich, ich mööch nie Frau Präsident wäde!
Antun	Jertrud, ich ben dreimol chemisch jereinich. Ich well mer bloß dat janze Spill ens jenöhchlich us der Nöh bei e paar Kölsch aanlore un aanhöre. Tschüss!
Jertrud	Ploch dich, ävver setz dich dobei un loß deer bloß nix aandrihe! Dat jitt fiesen Ärjer met meer, un et weed dör!

Am nächsten Morgen bei Kolvenbachs in der Küche. Einspielung ›Eimol Prinz ze sin‹, Anton mit Präsidentenmütze und Kette.

Antun	Jertrud, do sühs jo hück Morje villeich jot bloß e bessje älder! Wat hann ich e staats Fräuche!
Jertrud	Antun, bess do et wirklich? Wat woren dat dann för Droppe, die se deer en et Kölsch jeschott hann? Muss ich mer Sorje maache? Weed dat schlemmer?
Antun	Wie, wat woren dat för Droppe?
Jertrud	Dat woren secher die neu Lüchensjet-Droppe.
Antun	Mi Botterblömche, ich ben doch wie immer.
Jertrud	Mer sin bal veezich Johr verhierodt. Un ejal ov di ›Botterblömche‹ schwatze, jraue, jääl odder jrön Hoor hatt, do häss noch nie en Veränderung aan meer bemerk, un jetz sinn ich en Zick vun zwölf Stund op eimol us wie et Heidi Klum!

Antun	Hädden ich besser Inge Meysel die Jüngere sage solle? Et ess immer verkeht, wat ich sage.
Jertrud	Verkeht nit, ävver mer weed et dobei jet plümerant. Antun! Häss do mer jet ze sage?
Antun	Wat soll ich deer dann ze sage hann? Ich wor doch bloß op der Vörstandssetzung un hann, wie dat ming Aat ess, domm en der Eck eröm jesesse.
Jertrud	Evvens deshalv. »Mit leerem Kopf läßt sich leichter nicken!« Antun, do määs mer Angs. Üvvrijens, wä ess dann jetz dä neue Präsident? Wä dräht dann jetz die Kett un die Mötz? Wat för e Brechmeddel hät sich dann dismol breitschlage loße?
Antun	Do deis jrad esu, als wör der Präsident ne eifache Arbeider. Der Präsident repräsenteet de Jesellschaff, dä ess janz bovven huh opjehange. Dä hät et Sage.
Jertrud	Su wie ich bei deer?
Antun	Nä, mih!
Jertrud	Dat jläuven ich nit, ävver wä dräht jetz die Kett un die Mötz? Wat för en Tronskann kunnt widder nit Nä sage?
Antun	Jertrud, do muss jetz janz, janz stark sin! Se hann mich all einstemmich jewählt. Ich kunnt nit anders! Un all hann se mer versproche, vill ze helfe. Dat wör kaum Arbeit.
Jertrud	Ich hann dat Drama allt kumme sinn. Denks do dann, dat wöödt all met Links jonn?
Antun	Als Präsident ka'mer janz vill ›delijeere‹, hann semer jesaat. Ich muss dat natörlich ehsch ens lihre.
Jertrud	Do hann se dich richtich jot en et offe Metz laufe loße! Dat ess mih wie ne Halvdachsjob,

vun wäje e paar Stündcher em Mond. Un
ich, ich blieven av jetz jeden Ovend allein ze
Hus. Un do, do süffs der de Hacke voll un
markees der decke Wellem.

Antun   Do muss do durch, doför bess do jo och de
Frau Präsident. Bei de nöhkste Versamm-
lunge un Besprechunge muss ich natörlich
immer dobei sin, dat erwadt mer vun nem
neujewählte Präsident. Ävver, präsenteere
kann ich mich jo jot.

Jertrud Eja, de Knabbüs, die kanns do präsenteere,
jet anders ess mer aan deer noch nit opjefal-
le. Wor ich secher jrad nit ze Hus! Wä köm-
mert sich dann jetz bei uns öm der Jade? Als
Jrönfläche-Mänätscher ka'mer dich wal nit
mih bruche. Verkehrs jo en de hühtere Kreise.
Häss et jetz met de ›Huhpöözije‹ ze dunn.

Antun   Dat ess doch för mich jar nix Besondersch.
Ming Famillich stammp, dat kanns do em
Huusstandsbohch nohlese, av vun enem
ahle Ritterjeschlech. Dat ess allerdings allt
veerhundert Johr herr. Ävver e bessje blau
Blot dragen ich och noch en mer.

Jertrud Blau Blot, dat ich nit laache! 2,8 Promill
beim letzte Schötzefess! Och, der Jraf Rotz
vun Habenichts un Dunnensjet ess jrad
widder op de Äd jekumme! Mich wees do
dann noch öntlich enspanne för all die Saa-
che, die keine andere Doof maache well. Ich
kennen dat Spill: Kohchejaffele, Papptellere,
Klosettpapeer un Tombolapriese besorje.

Antun   Dat kanns do och et bess! Do bess doch e
Orjanisatijunsjenie. Do häss immer ne jo-
den Üvverbleck.

Jertrud	Un beim Oprühme fählen dann widder e paar Jaffele, och en dingem Verein jitt et düüster Kanäl. Un et Klosettpapeer weed nie jenohch do sin, dat nemmen die ›lieben Freunde‹ dann rollewies met noh Hus för die ander Kackfött en der Famillich.
Antun	Jertrud, als Frau Präsident bess do doch immer aan minger Sick, ov op der Bühn odder nevve mer em Saal.
Jertrud	Eja, för deer et Manuskrip vun der Fessredd nohzedrage un op dinge Brell opzepasse.
Antun	Do sühs do ens, wat do allt widder för en Verantwoodung häss! Ohne dich, minge Augestän, wör ich verlore.
Jertrud	Ich hann et allt fröher nit verstande, dat de Frau Präsident immer en decke Handtäsch am Ärm hatt. Hück weiß ich woröm. All dat, wat der jnädijen Här verjiss, schlepp de Frau Jemahlin, alsu av hück ich, im wie e Hüngche hingerherr.
Antun	Ich fingen, e bessje profitees do och, wann ich der Präsident ben.
Jertrud	Dat sinn ich och esu, un ich hann deer jesaat: Et weed dör. Üvvrijens, ich hann allt vörjesorch – *(holt das Abendkleid aus dem Schrank).* Antun, jevv mer ens et Telefon *(etwas vornehm sprechend).* Kolvenbach, Jertrud Kolvenbach. Ich hätte gerne für die nächsten drei Jahre jede Woche am Freitagmorgen zehn Uhr bei Ihnen einen Frisörtermin. Sie können mir gratulieren. Ja, ich bin Frau Präsident vun de ›Löstije Nierestein‹ geworden. Einstimmig. Man

kann ja nicht Nein sagen, wenn man so be-
drängt wird und so beliebt ist. Ach, Frau
Fünfkötter, un noch jet. Jeden ersten Mitt-
woch im Monat um vierzehn Uhr, auch für
die nächsten drei Jahre, Ganzkörperkosme-
tik. Ich hann janz vill Körper, mit Peeling
und Cleaning und Wellness, domet ming
Jing un Jang en Odenung ess.
Danke, mer süht sich, tschüss.
Antun, ich dunn, wat ich kann!

Antun   Jertrud, dat ess der Ungerschied zwesche
uns: Ich ben för alles ze hann, ävver för nix
ze jebruche. Ich dunn av hück och dat, wat
ich nit kann. Do loßen ich mich nit ophalde.
De Haupsaachess, Jertrud, ich ben un blieve
jesund un do, mi klei Hätzblättche, do määs
de Arbeit.

Un dann nimmp mer us dem Schaaf...

Feste feste feere,
Doför nimmp mer sich jän frei.
Weed mer enjelade, ejal wo,
Si'mer dobei.
Beim neuste Schicki-Micki-Klaaf
Litt mer sich jän em Ärm.
Weiß, dat der Klüngel he ze Hus,
Hält sich die Lück jän wärm.

R: Un dann nimmp mer us dem Schaaf
    Die Schohn, för nit ze stonn,
    Dä Frack, för nit ze setze,
    En däm ka'mer nor noch jonn.

Haupsaach, mer ess ›in‹
Un mer weed jesinn.

Koche, drinke, esse
Weed em Fänsinn uns jezeich.
Mälzer, Lafer, Lichter – ne Jenoss,
Do weed mer weich.
Un die paar Pündcher mih am Buch,
Die maache kaum jet her.
Doch steit de ehschte Setzung aan,
Dann weed de Uswahl schwer.

R: Denn dann nimmp mer us dem Schaaf...

Partner-Look

Ich probeere flöck för morje,
Ov mer ming Clownbotz och noch pass.
E bessje Luff hatt se jo immer,
Do määt et Höppe dubbelt Spass.
Doch et triff mich wie mem Hammer,
Ming Wade sin jo vill ze deck.
Un janz ejal wie ich mich drihe,
Die Botz mer dis Johr nit mih reck.
Ich zerre, trecke, rieße, schänge,
Doch wigger weed se dodurch nit,
Danze jet et ›Stippeföttche‹
Un wöss ärch jän, wodraan dat litt.
Dat kann doch nit vum Esse kumme?
Villeich doch vun der Nujatstang?
Vör e paar Plätzjer un Pralincher
Do ben ich söns doch och nit bang.
Un Schukelad, schwatz, öntlich better,

Die hät no jar kein Kalorie.
Dat Schälche Ies, nor zom Probeere,
Weed doch verbruch als Enerjie.
Un Botterkräm, ei Stöck am Sonndaach,
Et Ovendesse mer ersetz.
Doch janz ejal wie ich et sinn well,
Die Botz pass nit, wat dunn ich jetz?
Ich zerbreche mer der Küüles:
Do wors doch nie en Bunnelatz.
Häss stolz ding Rundunge jedrage.
Jingks do su us dem Liem ratzfatz?
Dunn mich vör mer selvs jet schamme.
Woherr kütt nor dat Dubbelkenn?
Hann ich dat eifach nit jemerk,
Mer vörjemaat, dat ich su ben?
Jrad en däm Augenbleck voll Troor,
Dä mer zerstört ming ›heile Welt‹,
Kütt minge Mann un fröhch verbasert:
»Wäm jehö't dann he dat Zelt?
En die Botz passen ich jo dreimol.
Leevje, loor mich doch ens aan!
Su vill hann ich nie avjenomme,
Ben zwor en Repp, doch met jet draan.«
Ich jevven et nor unjän zo:
Der Stoff dät allt jet üppich falle;
Üvver Höff un Buch un Fott
Wor dä eifach nor am walle.
De Tallje hing däm ärmen Höösch
Bes op de Kneen, heelt die jot wärm.
»Dat ess ming Botz«, ich kunnt nor laache.
»Ich hann de ding, do schmalen Därm!«

Wo bess do, Clown vun jester Ovend?

Wieverfastelovend ess för kölsche Weechter ›Kult‹.
Hück do ha'mer Mädcher et Rejalt,
Ejal ov jung, ejal ov alt.
Mer liet sich falle en't Jewöhl,
Spört meddendren dat Draumjeföhl.
Ne Clown em Ärm, dä bütz un laach,
Met däm mer fee't bes en de Naach.
Am nöhkste Morje weed dann klor:
Wat wör dat schön, wör jetz dä Clown noch do.

R: Wo bess do, Clown vun jester Ovend,
     Dä mi Hätz jestolle hät?
     Kennen nit ens di Jeseech!
     Meld dich flöck, söhch dich ens jän bei Leech!

Bes Äschermettwoch ess en Kölle üvverall jet loss.
Drei Dach lang jeit et dann he rund.
Öm dich eröm ess alles bunt.
Triffs Minsche he aan jeder Eck.
Em Rüppche spills do och der Jeck.
Häss Spass un Freud wie jedes Johr. –
Nä, eijentlich ess dat nit wohr!
Dä Clown vun jester hät di Hätz.
Jiss flöck en Aanzeich op met e paar Sätz:

R: Wo bess do, Clown vun jester Ovend...

DE ZICK LÄUF VILL ZE FLÖCK

Ich muss mer jar nix mih bewiese

Och wann et Ledder bröchich,
De Färv nit mih ze sinn,
Janz usjetrodde, leich antik
För ›jot‹ lang nit mih ›in‹,
De Avsätz kromm jelaufe,
De Soll bal widder durch,
De Spetze blank, doch meer ejal,
All dat määt mer kein Sorch.

R: Ich muss meer jar nix mih bewiese,
      Hann minge Levvenshervs erreich.
      En dä ahle usjetrodde Schohn
      Kann ich jot laufe, och et letzte Stöck,
      Wie op Feddere su weich.

Jung Lück, för die ess wichtich,
Dat Schohn modän un schick.
Se tredde jedem op de Föß
Beim Wettlauf met der Zick.
Et jeit öm't Üvverlevve,
De Schohn setze noch fass.
Dat Ustredde bruch Kraff un Mot.
Wie lang määt dat noch Spass?

R: Ich muss meer jar nix mih bewiese…

Et kütt suwiesu

Alt odder besser älder wäde ess nit immer esu eifach. Och wa'mer et jar nit well, et kütt op einer zo, ohne dat mer laut ›he‹ jerofen hät. Älder weed schleeßlich jeder, der eine jet flöcker, der andere jet langksamer, dat muss ich he keinem verzälle. Un irjendwann sin se do, die Malätzichkeite, die mer nit mih üvversinn kann.

De Auge loße noh, et Jehör stellt sich op ›dauv‹ en, de Knoche knacke, de Jelenke wäde stief un de Huck kritt en leichte Welleform, ess immer drüch wie Ledder un rieß aan Stelle, wo mer jän noch jet länger stramm un jünger ussöhch. Et Jebess kritt Lücke, Zäng müsse usjetuusch wäde, söns ka'mer nit mih richtich käue, un bei mäncheinem liet der Jerochsenn, för de Famillije-metjlidder leider allt ens jet unaanjenähm, un der Je-schmack noh.

De Knuflaufpille jehöre zom Levve wie de Rheuma-sälvjer un de Entwässerungsdroppe.

Unverhoots bemerk ›frau‹ eines Morjens: Do häss jo nen Damebaat. Dat Woot allein ess allt ne Jrund för ze kriesche. Damebaat! Ming Jroß saat doför Jeißtebäätche! E Troorspill. Ich hann mer aanjewennt, dat ich dann die fie-se Stippelcher met der Pinzett erustrecke un mer vörstelle, dat wör e Augebrauehörche, wat sich verlaufe hät. Domet kann ich besser ömjonn.

Üvvrijens, mänche Käls hann mih Hoore en de Ohre wie om Kopp, un bei uns Fraulück ess de Cellulitis em Vörmarsch. Jede Morje süht mer aan irjendeiner Körper-stell ne neue Ress ov ne Blötsch, dä jester noch nit do wor. Körperstelle hät mer dank Üvverjeweech jo satt un jenohch.

Un dat soll dann noch e schön, erfüllt Levve sin, met all dä Saache, wo mer sich met erömschlage muss?

Ich denke, mer muss et bloß jet anders sinn. Et jitt schleeßlich och e paar Vördeil, wa'mer älder weed. Mer hät immer Zick, wa'mer well; mer hät nie Zick, wa'mer nit well. De Knoche sin hück zoverlässijer wie der beste Wedderbereech. Mer kann Rän un Schnei bal op de Stund jenau vörherrsage. Un wat ess dat schön, dat mer nit mih der Buch entrecke muss, ejal wä mer trifft! Denn die, die mer triff, hann mehschtens selvs eine.

Och wa'mer su vill üvver Jeiselnahmen hö't: Kein Sorch, sollt ehr zofällich ens dobei sin, ehr sidd bestemmp bei de Ehschte, die se freiloße. Bei üch hann se sich nor verjreffe. Un endlich jläuv jetz de Famillich, dat mer keine Hypochonder ess; de Rheumahäng un der kromme Rögge sin nit ze üvversinn. De Steuererklärung määt kaum Arbeit, wat soll mer och avsetze? Met der Rent ka'mer kein Bank mih jlöcklich maache. Haupsaach ess, mer kann domet noch jot levve.

Schön ess doch, wa'mer hückzedachs en Party feet – et jitt jo jenohch Ü-30-Partys, woröm nit och Ü-65 odder Ü-70? – dann merk dat vun dä ahl Nohberschlück keiner. Ehr wesst jo, de Ohre dunn et nit mih su.

Un woröm solle mer op der Autobahn ov op de Landstroße eijentlich flöcker fahre, wie erlaub ess? Bruche mer doch nit mih, mer hann doch Zick. Aan uns kann de Schmier nix verdeene. Die Strofzeddele för ze flöcke Fahrerei krijjen die jung Pooschte, die uns üvverholle. Selver schold!

Un dann kütt zo all dä Vördeil em Alder och noch der verbillichten Entrett en janz vill städtische Enreechtunge, wie Musee, Schwemmbäder, besondere Usstellunge, Thiater un esu wigger. De KVB well aan uns Ahle kaum noch verdeene, un och en et Phantasialand en Bröhl kütt mer för zehn Euro winnijer eren.

Bliev nor die Frohch, ov de Krankekass der Zoschoss för falsche Zäng eropsetz, wa'mer em Phantasialand bei der Fahrt op der ›Schwatze Mamba‹ – dat ess die Aachterbahn, die nor jet för starke Nerve ess – dat döre Jebess verliert, odder ov mer sich doch besser för de Stohljymnastik bei de Jraue Panther aanmelde sollt. Irjendwann mööch mer jo vun de Enzahlunge bei der Krankekass, bal üvver e janz Levve, jet profiteere.

Wie allt jesaat, mer kann sich em Alder noch üvver vill Saache freue. Beinöks hätt ich se verjesse, die Kaffefahrte en et Ömland, bei denne mer bei dressich Jrad em Schatte janz bellich siziljanische Heizdecke, Dampkochpött un Thermoungerwäsch kaufe kann.

Ävver dat eine muss mer sich klormaache: Wann mer all die Veraanstaltunge wie Thiateropföhrunge, Schwemmbadbesöke un esu wigger usnötze well, die för de Senijore eravjesatz aanjebodde wäde, dann muss mer doch widder jöcke, flitze, sich der Damebaat un de Cellulitis fottmaache loße, der Buch entrecke, sich en unbequäm Klamotte un Schohn zwänge un de Naach öm de Ohre schlage, söns kritt mer et nit all op de Reih. Well mer dat wirklich widder?

Ävver, ejal wat kütt un wat mer noch määt, mer sollt sich die Rauh un die jot Nerve vun enem ahle Stohl zoläje. Dä muss och met jeder Fott, ov deck ov dönn, parat kumme. Dat maache meer doch met links!

Et ess besser, do föhls noch ens der Wind

Mänchmol ka'mer nit, wat passeet, verstonn,
Ze flöck laufen die Uhre.
Loß nit zo, dat do wees wie all die Lück,
Bliev op dingem jrade Wääch.

En der Himmel huh flüch mer jedes Johr,
Hüher zo de Stäne,
Doch he op der Äd, wo mer sin derheim,
Määt mer vill ze vill kapott.

Jeit et deer och jetz eijentlich janz jot,
Flöck kann dat vörbei sin.
Maach deer selvs nix vör, einer driht am Rad –
Un uns Welt zerplatz em All.

Wie us Jlas jemaat sin meer Minsche hück,
Durch uns, do ka'mer lore.
Sin nor noch en Zahl, die jestreche weed,
Wann keiner uns mih bruch.

Et ess besser, do föhls noch ens der Wind
Op singem wigge Wääch ejal wohin.
Hä hät dat all doch off jesinn,
Un beröhrt hä dich janz leis,
Jangk met e Stöck op Reis.

För dich selver bess do der beste Fründ,
Dinge echte ließ do laufe.
Üvversühs dobei dat wat wirklich zällt
Un wie schön et Levve ess.

Mänchmol ka'mer nit, wat passeet, verstonn,
Ze flöck laufen die Uhre.
Loß nit zo, dat do wees wie all die Lück,
Bliev op dingem jrade Wääch!
Bliev op dingem jrade Wääch!
Bliev op dingem jrade Wääch!

Männerhätze

Wä säht, Männerhätze wören hatt,
Dä weiß nix dovun, wie jeföhlvoll die sin künne.
Dä weiß nit, wie weich en Wirklichkeit su e Hätz ess.
Dä weiß nit, wie jroß su en Männerleev sin kann.

Mer muss e Jespör doför hann.
E Männerhätz ess wie jet Schöns vun nem andere Stän,
Bal unmüjjelich, et ze erkenne.
Et ess fän vun uns.
Et verstich sich jän hinger Stress un Arbeit.

Un doch jitt et Augenblecke, do kütt et janz höösch erus.
Mütter un ahl Fraue dörfen et mänchmol koot beröhre.

Falde

Ich maache mer kein Jedanke,
Jet Jugend opzetanke,
Ming Leppe opzespretze,
Om Heimträner ze setze.
Der Buch zom Brett ze maache,
Dodrüvver dunn ich laache,
Un och ming ›Kräheföß‹
Maache mich nit nervös,
Denn...

R: Ich dunn se jän behalde,
        Üvverall ming Falde,
        Mi Dackel-Mops-Jeseech,
        Ich kumme jot zerääch.
        Ming decke Hängebacke,

Och ungen de Schabracke,
Em leichte Plisseelook
Schlabbert do ming Huck.
Om Schenkel Cellulitis,
Wä säht dann, dat dat fies ess?
Un...
Wo ›Sie‹ jrad sage ›Buch‹,
Dat stemmp, dä hann ich och.

Ich maache mer kein Sorje,
Freue mich op morje,
Alt wäde ess kein Krankheit
Ess se och fott, de Schlankheit.
Ahl Hüser krijje Resse,
Nor, mer muss dat wesse,
Un bröckelt och der Kalk –
Ich wäde su jän alt,
Denn...

R: Ich dunn se jän behalde...

Heilfaaste

Ich hann et en der Apothekerzeidung – fies Minsche sage
jo mettlerwiel dozo ›Rentner-Bravo‹ – jelese: Die Johres-
zick, en där et späder hell un fröher düüster weed, brängk
uns all dozo, länger em jot jestochte Wonnzemmer ze set-
ze un, ußer av un aan ens ne Jangk nohm jeföllte Köhl-
schrank ze maache, sich kaum ze bewäje. Sage mer et koot
un knapp: Dat ess die Zick, wo sich bei uns de Fettauge
nit nor op der Höff fasskralle. Ußerdäm stonn och noch e
paar Feerdäch vör der Döör, un doför wör et nit schlääch,

allt vörher jet aan singem Jeweech ze arbeide, för öntlich Plaaz ze schaffe, domet de Fessdachsmenüs – natörlich sin dat mehschtens e paar Jäng (e paar Jäng esse, nit wirklich spazeerejonn) – jenohch Hohlräum en Buch un Mage finge. Heilfaaste ess alsu aanjesaat!

Die Vörsilb ›Heil‹ säht einem allt, dat et hilf, ze heile, un de Minsche jot deit, besondersch jot deit, weil et en ner Faachzeidung, wie mer su landläufich denk, steit. Ich hann et usprobeet.

Am Aanfang muss mer ehsch ens literwies opjelüs Jlaubersalz drinke, wat de Därm reinije un leddich maache soll.

Us Erfahrung kann ich nor dä Rot jevve, sich för dä Daach Orlaub ze nemme, falls mer noch arbeide jeit, weil mer sich em Ähnzfall, esu öm de zwei Stündcher noh däm Drinke vun der Salzlüsung, hühkstens zwei Meter vum Klosett fott ophalde kann. Un dat Klosett sollt en jot Lüftung hann. Wat dann passeet, jeit off flöcker wie erwadt, un dobei deit mer nit bloß om Kamm blose. Mer määt dobei Jeräusche, die (wie säht mer en der Biolojie?) aan ›kalbende Gletscher‹ erennere. Bei nem wichtije Verkaufsdisköösch met Kunde odder en ener Vörstandssetzung köm dat nit esu jot aan.

Üvvrijens, ich roden üch noch, die ›Reinigungsflüssigkeit‹, alsu dat Salzjesöffs, ärch fröh am Morje ze drinke, et künnt sich söns die Wirkung, die de Beincher flöck määt, bes spät en de Naach hintrecke, un aan ne jesunde Schlof wör nit mih ze denke. Ävver ne jewesse Vördeil hät dat Thiater doch, wa'mer sich am nöhkste Morje em Spejel belort. Mer hät durch dat iwije Opstonn un Laufe su en Mödichkeit em Liev, dat de Backe (ich meinen die em Jeseech) allt enjefalle sin un mer su bedresse – dat stemmp op jede Fall hück – ussüht, wie wann mer allt e paar Kilos avjenommen hädden.

Jetz nemme mer ens aan, de Phase eins wör jeschaff, ejal ov met ov ohne Naachschich. Der neue Daach fängk aan met enem ehschte Jeschmackshühepunk: Mer darf e Jlas Soorekappessaff drinke. Allerdings ess och dat Jesöffs widder met Lauferei nohm Klosett verbunge. Deshalv wör he och ne zweite Orlaubsdaach nit schlääch. Dat kulinarische Meddaachesse besteit us ener Tass Jemösbröh; he darf nor e bessje Jejrümmels us Kööner en dat lauwärm Wasser, die noh nix schmeck. Dozwesche jitt et dann stell Wasser un ›ungezuckerten Früchtetee‹, su vill wie mer well. Mer wundert sich, wie winnich mer well.

Zom Ovendesse weed widder e Poppetässje Jemösbröh aanjebodde. Dismol, domet de Stemmung nit janz op der Nullpunk avrötsch, zerveet op edlem Damass bei Kääzesching. Dat süht natörlich doll us, brängk vum Jeschmack her ävver och nix un määt allt ens jar nit satt.

Dat Spill muss mer aach Dach durchhalde. Wann bei üch en Zantsaneerung en et Huus steit, wör praktischerwies jetz jenau de richtije Zick doför. Alle Föllunge un Krune künne jenöhchlich hatt wäde, mer kritt jo suwiesu nix för ze bieße. Am nüngte Daach noh Jlaubersalz – vörusjesatz, de Zick dozwesche ess konsequent enjehalde woode – ka'mer widder langksam met faster Nahrung, för e Beispill nem Appel odder jet Püree, aanfange. Dat Jeföhl, dat üch dat leichte Esse de Ennereie zerrieß, ess voll normal. Un wie am Aanfang deit mer widder nit bloß om Kamm blose, der Jletscher ›kalbt‹ widder wie am ehschte Daach vun däm Heilfaaste. Un dat einzije, wat hilf: wie vör däm Heilfaaste, öntlich, ohne Röckseech op si Ömfeld, dojäjen aanzeesse, wat dat Züch hält.

Jetz künnt ehr endlich die neu Zäng usprobeere: Joden Apptit!

Üvvrijens, wundert üch nit, dat ehr noh drei Dach allt widder dat ahl Jeweech hatt. Dat ess eifach esu. Die janze

Plackerei met däm Jlaubersalz wor evvens för ze drie...,
wor för de Katz.

Do iss dich hück satt

Av hück ess Schluss,
Do steis dozo.
Häss keine Bock mih op Diät,
Jiss däm jetz noh.
Bess stolz op dich,
Häss endlich Mot.
Dat Thema nit mih aanzepacke
Deit der jot.

Do käufs der nie mih Köönerbrütcher,
Biokoss en Ömwelttütcher.
Schwänz die Setzung beim Psüch'jater,
Denks bloß: Wat soll he dat Thiater?
Hück kritt di Kning die janze Murre,
Endlich ens ohne Mageknurre!
Hmmmm, do iss dich hück satt!
Hmmmm, do iss dich hück satt!

Dä Buch dä bliev,
Ess doch nit schlemm.
Do bess un blievs der jliche Minsch,
Hör op ding Stemm!
Föhls dich su wohl,
Bess su och fit.
Lück, die nohm Ussinn jonn, weiß do,
Die bruch mer nit.

Nie mih Tuffo hatt jebrode.
Deis jetz ding Fründe all berode,
Dat die Jlaubersalzakzijune
Sich nor selde wirklich luhne.
Ließ de Jrönkäänbällcher rolle,
Läävs jetz jezielt nor us dem Volle.
Hmmmm, do iss dich hück satt!
Hmmmm, do iss dich hück satt!

Janz ejal

Fröhch mer sich: Wat ess Zick?
Hät mer nor de Uhr em Bleck.
Johre jonn wie em Floch.
Mer hät nie dovun jenohch.
Hät der Daach och janz vill Stunde,
Metens ess der Ovend do,
Un passeere deit dat jedem,
Maach deer dat ens richtich klor.

Janz ejal,
Janz ejal,
Älder wäde ess normal.
Janz ejal,
Janz ejal,
Do häss suwiesu kein Wahl.
Jester noch ne Futz em Köppche,
Hück küss do kaum us de Föß.
Janz ejal,
Janz ejal,
Et Levve ess nit immer söß.

Janz ejal
Janz ejal,
Höhnerauge sin en Qual.
Janz ejal,
Janz ejal,
Bruchs jetz för der Hals ne Schal.
Loß dich hück nit mih verbeeje,
Koms bes jetz doch jot zerääch.
Janz ejal,
Janz ejal,
Un ding Pläät ess jar nit schlääch.

Janz ejal,
Janz ejal,
Et Alder ess doch nor en Zahl.

Knacke he un do de Knoche,
Weil ding Levvensuhr jo tick;
Däts jän drihe aan däm Zeijer,
Weil do häss nit mih vill Zick:

Janz ejal,
Janz ejal,
Och ahl Bäum wäden ens kahl.
Janz ejal,
Janz ejal,
Wie jesaat: Do häss kein Wahl.
Et kütt suwiesu off anders,
Lauf jetz bloß nit us der Spur.
Janz ejal,
Janz ejal,
Wat noch kütt, ess Levve pur.

Om Kirchhoff

Anton und Gertrud Kolvenbach sitzen auf einer Friedhofs-
bank und lästern über die gerade hinter sich gebrachte Be-
erdigung.

Jertrud	Och, wat wor dat en schön Bejrävnis hück! Alsu dat Hückelhovens Kättche, die ahl Schabrack, hatt dat eijentlich nit verdeent.
Antun	Do häss do usnahmswies ens Rääch. Em Levve wor dat Kättche jo en karije Sau, äv-ver beim Fellversuffe hät it hück aan nix jespart. Et jov jo sujar Tillekatesse un nit bloß su ne drüjje Streukohche.
Jertrud	Widder typisch för dat knüselije Schlotter-hohn! Tillekatesse, dat Woot hädden dat Kättche em Levve noch nit ens richtich usspreche künne, ävver för aanzejevve wor it jo vör nix fies. Un do, do häss uns widder ens öntlich blameet, do häss jo beim Fellver-suffe zojeschlage, wie wann do op ne neue Wachstumsschub waden däts.
Antun	Wie? Wachstumsschub? Wat ess dann met deer?
Jertrud	Wie? Wat ess met meer? Ich passe jeden Daach op ming ›Linie‹ op!
Antun	Wie, do pass jeden Daach op ding ›Linie‹ op? Ävver nor aan der Bushaldestell. Em üvvrije, ich kann mer dat met minger Fijor erlaube. Aan mer ess aan de wichtije Stelle kei Jramm Fett ze vill. Ich kann jo och nit doför, dat sich bei deer jedes Fettauch op der Höff fasskrallt. Eh, Jertrud, wat ich deer allt de letzte paar

Dach verzälle woll: Ich hatt dat Kättche vör
zwei Woche om Maat jetroffe. Jertrud, dat
ess mer villeich unger de Huck jejange!
Donnerletsch, wat hät dat do allt noh der
Schöpp jeroche!

Jertrud Do wells mich doch bloß avlenke! Jläuv nit,
dat ich dat hück op dem Bejrävnis nit jesinn
hätt, wie do dat Züff, die ahl Schlunz, wat en
der Klein Brinkjass dat Erotik-Kitzelbüdche
hatt, met de Auge verschlunge häss! Häss
wal üvversinn, dat dat Jöckradiesje och allt
dreimol met zor Kummelijun jejangen ess!

Antun Do leev Drees, wat do widder all jesinn häss,
dat stemmp doch jar nit. Ich weiß nit, wie
ehr Fraulück dat maat: Ehr künnt us dem
Nix nen Hot un ohne Jrund nen öntje Knies
zaubere. Dat Züff hatt domols en Superje-
schäffsidee jehatt. En däm singem Lade
jingk öntlich de Poss av.

Jertrud Dat kann ich mer denke. Dat soß bestemmp
nit wie e Mutterhohn op singe Üvverra-
schungdessous. Dat Rebbejestell hät secher
am ›lebenden Opjekt‹ jän selvs jet ›Feldfor-
schung‹ bedrevve.
Üvvrijens, ich fingen dat Alt och hück noch
richtich hässlich. Et jitt evvens Jeseechter,
die jehören en der Keller.
No maach jetz bloß nit die Frau do vörre
aan, wo ich dobei ben!

Antun Ich dunn doch jar nix.

Jertrud Dat Hätz vun där nette Frau künnts do jar
nit krijje.

Antun Dä Ress vun där wör mer allt jenohch. Äv-
ver, Leevje, en mingem Alder erfreut mer

sich doch aan ener Frau, wie do ein bess.
Do bess esu leev, do bess esu sanf, do
wöödts kilometerwick för mich jonn, do
bess sozial un kanns jot koche, do sühs jot
us, do jiss mer dat Jeföhl, dinge Künning
ze sin, Jertrud, do bess wie ming Mamm.

Jertrud   Jetz dunn nit su, wie wann ich de ›Königin-
Mutter‹ wör! Ich weiß, dat ich för dich et
Bess ben. Mer passe doch wunderbar
zesamme, un, Antun, e bessje, e bessje
kanns do jo och.

Antun   Jo? Wat kann ich dann?

Jertrud   Do kanns jot schwer Saache hevve un Spenne
kapott maache.

Antun   Ävver, Jertrud, jetz ben ich ens janz ihrlich,
de schönste Stündcher, wirklich, de schönste
Stündcher en mingem Levve hann ich der
Oper ze verdanke.

Jertrud   Do Stänejeck, do wors doch noch nie en der
Oper!

Antun   Nä, ich nit! Ävver do!
Do, Jertrud, dat Kättche, dat wor jo su alt
wie ich. Ich hann e bessje Angs. Kütt dat
Alder jetz och bei mich odder ess et allt do?

Jertrud   Ich kann dich beräuhije: Bei deer ess et allt do!

Antun   Wo wells do dat dann draan merke?

Jertrud   Jester wolls do doch der Keller oprühme,
ävver immer wann ich ens lore kom, häss do
op der Trapp jesesse, för dich ze räste, un
wors e Kölsch am drinke. Dat litt bestemmp
am Alder!

Antun   Nä, Jertrud, dat litt nit am Alder, dat litt aan
deer, do küss eifach vill ze leis de Trapp erav!

Jertrud	Mänchmol denken ich ihrlich, et wör besser, ich wöödt dich verloße, wöödt endlich jonn.
Antun	Jertrud, wells do mich wirklich verloße odder mer nor ›eine vorübergehende Freude‹ maache?
Jertrud	Wo do jrad sähs ›Freude‹ – ich freue mich, wa'mer jetz op Heim aanjonn. Dann kann ich jet de Bein huhläje.
Antun	Wiesu de Bein huhläje, ich kummen doch noch jar nit met!
Jertrud	Antun, ich bruche minge Schönheitsschlof, un ußerdäm mööch ich för morje widder fit sin.
Antun	Wo si'mer dann morje? Op Malote, odder om Südkirchhoff, odder...
Jertrud	Nä, morje si'mer op der Beerdijung vum Nettekovens Tünn, däm ahle Föttchensföhler. Do müsse mer bes noh...
Antun	Jertrud, dat heiß för uns: Morje ärch fröh us der Fluhkess, domet mer en Plaaz en der ehschte Reih krijje!

E Rentnerlevve em ehschte Johr

11. Mai

Et ess jeschaff. Dat wor minge letzte Arbeitsdaach. Ich ben endlich Rentner. Wat hann ich mich op dä Daach jefraut! Jetz fängk mi Levve noch ens richtich aan.

Ich maachen av hück all dat, wat ich fröher vun wäjen der hatt Arbeit nit maache kunnt.

Et ess wie e Wunder!

12. Mai

Ich stonn fröh op un weiß jar nit, wo ich aanfange soll.
Et ess jo esu vill en de letzte Johre lijje jeblevve.
Et Jras mööt ich schnigge, de Daachkall repareere. Ich
mööt nüdich de Wasserkrane entkalke un minge Draum,
e Vugelshüsje ze baue för all ming klein Fründe met dä
schön Stemmcher, hann ich och lang jenohch vör mer herr
jedaut. Nit ze verjesse, jetz hann ich Zick för endlich ens
all die Böcher ze lese, die em Böcherschaaf zick Johre op
mich wade. Et sin och e paar schwatze Schöfjer dodrunger.
Ich ben neujeerich, wat do all op mich aankütt, ejal, jelese
weed et all, do stonn ich zo!
Treffe vörm Huus minge Nohber. Hä ess allt jet länger
Rentner.
Hä läuf unraseet em Dschoggingaanzoch eröm. Süht e
bessje verkummen us. Wie ka'mer sich esu jonn loße!
Hä sitz der janzen Daach vör der Äujelskess un lort
sich die dämlije Nommedachssendunge aan odder lüs e
Krützwootrötsel..
Dat wör nix för mich. Do ben ich doch anders jestreck.
En meer ess noch de Kraff un de Loss för janz vill Neus.
Ich dunn ehsch ens et Jras schnigge, dann kütt de
Daachkall draan un dann, dann fangen ich met dem Vu-
gelshüsje aan. Dat Levve ess för ze bütze!

4. Juni

Et Jras ess jeschnedde, de Daachkall sauber jemaat un
dat Vugelshüsje ess fädich. Ming klein Fründe kummen
un dunn sich met nem besonders schöne Jesang bei mer
bedanke. Dat wor die Arbeit wäät.
Jetz fahren ich nohm OBI un besorje ne jode Entkalker
för de Wasserkrane.
Öm die Zick laufen beim OBI nor Rentner eröm. Dat
sin all die, die en der ›Rentnerkrabbeljrupp‹ hück Morje

kein Plaaz jefungen hann. Secherlich treffen die sich jeden Daach he.

Die benemme sich wie Kääzemöhne. Dunn bloß schwade un üvver ander Lück herrtrecke. Hann kein eije Enfäll, för sich der Daach schön ze maache.

Ich fahre noh Hus un entkalke de Wasserkrane.

8. Juni
Hann endlich ens jet länger jeschlofe. Fröhstöcke jenöhchlich un kuntrolleere allt ens die Wasserkräncher, ov sich widder neue Kalk fassjesatz hät.

Donoh ess et Jras widder draan, un nohm OBI muss ich och. Bruche neu Holz för et nöhkste Vugelshüsje. Dann hann ich zwei: Ei för dat Vugelmännche un ei för dat Vugelfräuche. Jitt et winnichstens bei denne keine Zänk un Strick!

22. Juni
Bes meddachs jeschlofe. Darf mer jo och ens! Dann noch e Vugelshüsje för kranke Vüjjelcher jebaut. Mer muss jo aan se all denke.

Donoh dunn ich et Jras jet dünge, domet dat flöcker wääß, dann kann ich dat öfter schnigge.

Späder e klei Teeründche met minger Frau.

Wäde flöck e paar Tipps för der Huushalt loss. Stüsse ävver op Widderstand.

Ming Frau well sich nit vun meer der janze Huushalt ömorjaniseere loße.

28. Juni
Mööch jän ens met nem andere Minsch verzälle un jonn bei der Dockter.

Treffe do en Häd Rentnerkolleje, die all ens met nem intellente Minsch spreche welle.

Ich hann mer e paar kumplizeete Prostatamoläste usje-
daach. Dat ess secher e prima Thema för ze verzälle.

Wäde ärch enttäusch. Minge, minge Dockter scheck
mich noh Hus. Hä kann mer nit helfe. Kassepazijente en
mingem Alder darf hä nit mih behandele. Ich hädden jo
Zick jenohch för ze pinkele. Wo si'mer dann!

18. Juli
Schlofen allt ens bes noh Meddaach.

Donoh Rase schnigge un Vugelshüsjer baue. Hann
jetz em Jade en Usstellung vun dä Vugelshüsjer. Zesam-
me brängen ich allt dressich Stöck op de Bein. Langksam
weed dat sujar dä Vüjjel ze vill.

Minge Nohber schenk mer e Krützwootrötsel.

Ich loren ens.

Afrikanischer Fluss met zwölf Bohchstave. Ess doch
eifach.

8. Aujuss
Ich ben immer noch draan. Et jitt su vill afrikanische
Flüss met zwölf Bohchstabe, die mer kaum lese un usspre-
che kann.

Dat Rötsel flüch en der Möll.

Am Ovend Thiater met minger Frau.

Och uns Sex-Levve ess enjeschlofe.

Mer hö't dat off vun de Rentnerkolleje.

Ming Frau hät nen Enfall: Villeich wöödt et met Sex
aan nem ußerjewöhnlijen Oot besser funkzioneere.

4. September
Mer hann de Sigge en unsem Wasserbett jetuusch un
et Koppengk noh unge verlaat. Hilf och nix. Noch immer
totes Meer.

26. Oktober
Ming Frau mööch jet för de Jesundheit met mer maache. Wellness ess aanjesaat.
Ich hann de Nas voll vun däm jecke ›Seele baumeln lassen‹.
Ming Frau hö't nit op, schlepp mich nohm Rentner-Yoga un en de Rentner-Sauna. Üvverall die ahl, faldije Jeseechter un Büch. Nix för ming bedrövte Auge.

12. November
Beim Rentner-Yoga soll ich minge Name danze. Ich weiß nit, wie mer Senkendeckels Hein danz.
Ich danze dä ›sterbende Rentner-Schwan‹.
Darf nit mih en der Kursus kumme. Nemmen die Saach, wie de Frau Yoga säht, nit ähnz jenohch.

3. Janewar
Maache nix mih aan Sport, drage bloß noch minge ahle Dschoggingaanzoch.
Raseere dunn ich mich nor noch sonndachs.
Mänchmol schenk mer engks der Woch aan der Bushaldestell einer nen Euro. Froge mich, woröm.
Ming Frau hät Metleid met meer un schenk mer nen Hungk.
Usjerechent su e futzich Möppedeer, en Plüsch-Nackeroll op veer Bein, wo mer nor drüvver fällt. Wat ess dat dann för en Rass? Pinscher? E Pintche Schabau wör mer leever.
Ävver ich jonn met der Nackeroll spazeere, setze mich em Wald op en Bank un beneide jede Ameis, die jet ze dunn hät.
Ov dat ›Amäusje‹ och em Rentenalder singe Name danze muss?

12. Februar

Ben naaks nit mih möd. Wovun och?

Stonn op, setze mich en mi Auto un fahre durch de Stroße.

Lande wie durch Jeisterhand bei minger ahl Firma.

Steije us, knuutsche die ahl Iesertrallje un fange aan ze kriesche.

Om Heimwääch sinn ich aan der Landstroß Türke stonn, die op Arbeit wade.

3. Määz

Hann vun minger Frau et Make up jekläut, mich brung jeschmink, mer der Fastelovendsschnäuzer aanjeklääv un stelle mich bei die Türke en de Reih.

Mehmet, Öczan, Üzgür un och Aische freuen sich.

Späder stellt sich erus, dat die eijentlich Franz, Willi, Theo un Jertrud heiße.

Och alles Rentner, die nix ze dunn hann.

Am Nommedaach endlich – mer all hann Arbeit op ener Baustell.

Ich wor lang nit mih esu jlöcklich. Hann neu Fründe jewonne!

12. April

Fahre jetz jede Morje met dä andere Rentner op en Baustell, ejal wie wick. Nommedachs setze mer zesamme un üvverläje, wat mer noch all maache künnte.

Mer sin doch noch fit, mer jehöre noch nit bei et Alt-ieser!

Och met fünfunsechsich ka'mer noch vill bewäje!

Mer hann en Maatlück jefunge: Uns Jeschäff heiß: »Die Vüjjelsflösterer – Vugelshüsjer us biologischem Aanbau (dat hö't sich besonders wäätvoll aan) en jeder Jröß un Priesklass.«

Unse neue Werbesproch:
»Ejal ov Albatros ov Mösch,
ejal ov Kuckuck us dem Bösch,
ejal ov Ent, Jans odder Schwan,
irjendwann kütt jeder draan.«

10. Mai
Hurra! Meer, meer sin widder do! Met uns künnt ehr
widder rechene! Un, e Sonderaanjebott ha'mer och för üch
all. Wann ehr noch keine eije Vugel hatt, do künne mer helfe.
Et jitt av hück bei uns e Minivugelshüsje met handjedrech-
seltem Vüjjelche, avjestemmp op de Kledaasch en alle Fär-
ve. Un dat Hüsje pass ohne Probleme en jede Hand- ov Ak-
tetäsch. Mer hät jo jän singe eije Vugel immer bei sich.

Ahle Fründ

Et jitt Minsche, die dich jän hann,
Die dich loße, wie do bess.
Met deer laache, met deer dräume,
Doch nie froge, wat do häss.

Die met deer ding Sorje deile,
Aan sich selvs weed kaum jedaach.
Künnen allt ens Wunde heile,
Helfen deer durch mänche Naach.

R: Ahle Fründ, ich wünscht, ich künnt
      Deer noch danke, do kannts ming Kante.
      Ahle Fründ, ich wünscht, ich künnt
      Dich noch froge: Wo sin die Johre?
      Die Johre, die mer Zwei jeschaff.
      Ohne dich fählt mer jede Kraff.

Allt Johrzehnte wor uns Fründschaff
Selvsverständlich för uns Zwei.
Ben ich ens ze huh jefloge,
Met deer krääch ich't op de Reih.

Jetz bess do allein op Reise
En e Land, wat keiner kennt.
Ich wör jän met deer jejange,
Hatt mich su aan dich jewennt.

R: Ahle Fründ, ich wünscht, ich künnt...

DAT HÄLTS DE EM KOPP NIT US

Informazijun ess wichtich

Meer, zwei Fründinne em Rentenalder, hatten uns em Rhein-Center en Weiden för ne schöne Nommedaach jetroffe. Un weil ming Fründin noch en Rabattkaat bei sich hatt, op där et Prozente beim ›Kaufhof‹ jov, kunnte mer do och noch dat ein ov ander Präsentche ov Baselümche e paar Euros bellijer met op Heim aan nemme. Mer spart jo, wo mer kann, ejal ov mer sich ehsch ens jet kaufe muss, wat mer nit bruch, för en der Jenoss vun de Prozente ze kumme.

Jenöhchlich soße mer en Stund späder em Iescafe bei nem leckere Ies, un de Schnüss jingk wie en Entefott. Et ess immer et Jliche, och wa'mer meint, mer hät nix ze verzälle; met däm ›Nix‹ ka'mer sich bal en janze Woch ungerhalde. Irjendswann saat ming Fründin: »Häss do dat och en der Zeidung jelese? He em Center hät ne neue amerikanische Lade opjemaat, op dä jung Lück raderdoll sin. Dat ess su en Ladekett, die nor janz modän Klamotte, su Beach-Club-Baselümcher, verkäuf. Solle mer Zwei uns dä ens aanlore?« No muss ich üch ens koot useneinposementeere, dat meer jestande Mütter, Tante un Jroßtante sin, die sich off Jedanke maache, wo mer de Puute en Freud met maache künnt. Die drage jo hück noch lang nit alles, un av un aan hann ich och allt ens öntlich met Kledaasch dernevve jejreffe.

Secher wör et jot, sich ens üvver dä janz neue Look ze informeere.

Alsu maate mer Zwei uns op, ehsch ens aan de Uskunf, för nohzefroge, wo un en wat för nem Jang dä Lade ze finge wör. E bessje jet schääl woodte mer doch vun däm nette Kääl hinger der Britz aanjelo't, un et kom die Frohch: »Ob Sie da richtig sind? Da ist es sehr dunkel drin und auch sehr, sehr laut, und Sie müssen sich in einer Schlange anstellen. Haben Sie etwas zu trinken in der Tasche? Es könnte dauern. Vielleicht ein Schnäpschen?«

Dä Komiker fung sich richtich witzich. Dat Wade wor uns ejal, mer hatte Zick, un neujeerich wore mer och. Dat neu Jeschäff wor flöck jefunge. Et stundte wirklich en Häd jung Lück en ener Schlang dovör, weil mer nor op Zorof vun su nem schmale Schellreppche, alsu vun su nem Beachboy met Wäschbrettbuch, däm mer et Vatterunser durch de Backe blose kunnt, en dä Wunderlade dorf. De Schlang vörm Dameklosett aan Rusemondaach ess nit anders. Natörlich woodte mer vun alle Sigge beäujelt, su noh dem Motto: Wat dunn dann die zwei ahl Schabracke he en der Reih? Hann die sich verlaufe? Die söken wal et ›Sanitätshaus Stortz‹.

Ävver mer Zwei woren ech cool un jingke, wie dat Beachjüngelche uns em Viseer hatt, stolz wie de Queen en der Lade. Zoehsch moote mer uns aan dat Funzelsleech jewenne. Jet schääl op einem Auch stolperte mer he un do e paar Stufe erop, bes mer uns aan dat Leech un die Lautstärk jewennt hatte. Üvvrijens, clever jemaat. Der Lade wor jar nit voll, ävver dodurch, dat nit esu vill Lück op eimol aan de Desche un de Rejale stundte, kunnt mer sich dä janze Krom en Rauh aansinn. Natörlich wor dat Mode, die nor för wirklich jung Lück un Bunnestange jet wor. Dä Parfömmjeroch, dä em janze Lade wie en Wolk en der Luff hing, nä, besser wie en Häd Jewedderwolke, maat uns zwor et Odeme jet schwer, un dat leckere Ies hatt su av un aan dat Jeföhl, et mööt jet nüdich erus, för sich och ens der Lade aanzelore, ävver mer jingke kurascheet wigger. Un dann kom, wie säht mer en der Huhsproch: Es kam eine lange Dürre! Die jung Verkäufersch hatt ävver met einem Bleck jesinn, dat meer kein Kundschaff wore. Nohdäm se uns op Englisch bejröß hatt, wor se flöck widder fott.

Natörlich leef he för uns em Rentenalder nix, odder mer hätten die klein Stuferöckelcher met Rüschjer, die en bungkte Färve un met jroße Blomemustere aan de Ständer hinge odder op de Desche lohche, aan einem Bein odder aan einer Mau drage welle. Jröße 34 S, do weed mer nohdenklich.

Ävver jenaustens informeet si'mer jetz. Jetz määt uns esu flöck keiner vun dä jung Lück jet vör. Dä Lade behalde mer em Auch, wa'mer uns Puute villeich doch noch ens met Kledaasch üvverrasche müsse.

Sollte mer trotzdäm widder dernevve jriefe, maache mer uns us su nem Röckelche e neu Hötche för de Ersatzkloroll, un zwor för die dör Ersatzkloroll, die met dä veer Lage, sammetweich met dreihundert Blatt, un däufen uns Jästeklo öm en Beach-Klosett. Mer jünnt sich jo söns nix!

Mer muss et jo nit all schön finge

Et weed jo immer schlemmer met de Jeschenke, un dobei meinen ich nit nor die Jeschenke, die mer aan de Chressdäch unger de Famillich brängk, ohne ze wesse, ov sich winnichstens einer vun der Bajaasch üvver si Jeschenk freut. Nit, dat mer sich kein Jedanke määt, ävver et fählt doch kaum einem jet. All hann se die Saache, die Usus sin, wie Blomevase, Bettwäsch, Jläser, ejal wat för en Zoot un Färv, Platztellere, Teeleechter un su wigger dubbelt un dreifach em Schaaf.

Do freut mer sich, wa'mer beim Flaneere durch de Stadt en Jeschenkbutik fingk, die besonders usjefalle Saache zom Verkauf aanbedt. Der Werbesproch: »He jitt et all dat, wat mer nit bruch, ävver wat vill ze schön ess, för draan vörbeizejonn« jefällt, un zack ess mer dren en däm Schlaraffeland, staunt, wat et all jitt un en wat för Usföhrunge. Aan der Uslaach vun Föller bliev mer, weil mer e Faibel för schicke Schrievese hät, hange. Nor, dä dolle Jletzerföller schrieb nit.

Die Verkäufersch, dodrop aanjesproche, kütt met der Antwoot: »Das ist kein Füller, das ist eine Taschenlampe. Das Design macht es.«

Jot, mer hät jo Uswahl jenohch un sök wigger. Nä, wat jitt et schöne, jecke un unnötze Krom un mer muss et jo nit all schön finge! Dä Feuerlöscher, dä mer als Badethermometer benötze kann, ess juxich un och die ahl Zappsül, die, wa'mer jenau hinlo't, e Sparschwein ess. Op die Frohch: »Un do hingen die Säu?«, nä, mer sprich jet vörnähm: »Un do hingen die Sparschweine...?«»Nein, die Schweine dahinten sind alles Aschenbecher.«

Jetz weed einem langksam klor, dat et he nit all su ess, wie et ussüht un wie mer et kennt. Mer versök e bessje Leech en dat Düüstere vun där Jeschenkaansammlung ze bränge.

»Wat ess dann en der klein Klosettpapeerroll?«»Nix!« Die Roll ess ne Bleisteffspetzer. Dat fingen ich selver erus.

Ov die jääl klein Brefkäste och Aanspetzer...? Nä, mer süht et, dat sin Spardose. Do die tellerjroße runde Pappkess met däm kleine Loch en der Medde ess secher en Hotschachtel. Ess et nit, et ess en Deschlamp, en Deschlamp em Kartong. Dem Pries noh mööt dat eijentlich ne Krunleuchter sin.

Halde mer ens fass: Alsu, die Feuerzeuge do sin Brefbeschwerer? Nä, die Feuerzeuge sin Aanspetzer wie die Kloroll. Die Brefbeschwerer sin die Postelingaape un die klein rutwieß jetuppte Kochpött. Wat mer vun evvens noch jenau weiß, ess, dat die Ferke Äschebecher sin. Die klammert mer jetz ehsch ens us.

Un die Schabaufläsche do? Die Schabaufläsche, dat sin alles Unikate, Blomevaseunikate, ävver dat süht mer doch! Ihrlich, mer süht et nit.

Op jede Fall jitt et kein Schabaufläsche als Äschebecher. Ävver do en der Eck jitt et Brefkäste als Klorolle. Klorolle... die jov et doch evvens als Aanspetzer. Jetz muss mer och noch op de Jröß oppasse.

Langksam weiß mer nit mih, wo vörre un hingen ess. Die Zappsül wor doch e Sparschwein, un dat Ferke wor ne Äschebecher.

Bruch einer vun der Famillich üvverhaup su modän Jeschenke? Wann ich mer der Ohm Hein met der Klosett-papeerroll als Aanspetzer vörstelle, weed dä lang bruche, bes hä dat kapeet hät, un dat dä döre Föller en ärmsillije Täschelamp ess, weed der Ervtant Nettche nit jefalle. Die wöödt secher denke, mer däte jrad aan ehr spare.

Usjefalle Jeschenke en letzter Minutt!

Ich jläuve, usjefalle Jeschenke wäde bal widder uns normal Saache sin. Ess dat dann nit herrlich, wann dann endlich en Lamp, en Blomevas un en Klosettpapeerroll och widder wie en Lamp, en Blomevas un en Klosettpa-peerroll ussüht?

Dat jitt Ping!

Et jitt jo keine richtije Winter- odder Summerschlussver-kauf mih, op dä mer sich fröher noch jefraut hät. Doför ka'mer, wa'mer oppass, av un aan en de Jeschäfte allt ens jet vun ›Sale‹ lese. Allt widder su e englisch Woot, wat mer üvvernomme hann, för der decke Mann ze markeere. Et bedück ävver et Jliche wie fröher, nämlich erunderjesatzte Saache un Klamotte. Et jeit also öm Schnäppcher. Ich sa-gen immer: Wä zoehsch kütt, schnapp zoehsch.

En däm Schohnsjeschäff vun mingem Vertraue hann se hück ›Sale‹ aanjesaat, un nit nor ich allein hann dat jele-se. Muss ich et üvverhaup noch irjendeinem klormaache:

Wann et öm Schohn jeit, si'mer Fraulück wie de Deere. Zo dä dressich ov fuffzich Paar, die mer allt derheim hann, muss noch unbedingk dat jrasjrön/wießjetuppte, wat hück en der Zeidung avjedröck ess, dobei.

Alsu flöck en Fründin aktiveet, die nit Nä sage kann. Secherlich bruch die och noch e Paar Schohn us däm riese Aanjebott, die se, jenau wie ich, eijentlich nit bruch, un et weed zom Schohnshalali jeblose.

Us bal janz Kölle sin de Fraulück aanjereis, för dat Sonderaanjebott uszekoste.

Üvver en Stund probeeren ich all dat, wat mer aan Schohn jefällt, pass odder nit pass, us un aan. Mich fasszeläje fällt mer ärch schwer, ävver, weil ich weiß, dat ich su schlääch Nä sage kann un mer off tireck zwei odder drei Paar Schohn kaufe, hann ich mer hück för dä Spontan-Enkauf nor et Nüdichste aan Jrosche, ich meine Euros, enjestoche un, vörsichtich wie ich ben, och de Scheckkaat derheim jeloße. Dröm darf et bloß ei Paar sin, mih Jeld hann ich nit en der Täsch. Noh langem Berode met mer selvs nemmen ich dat jrasjrön/wießjetuppte Schöhnche, ovschüns ich noch nit weiß, wodrop ich dat Praachexemplar üvverhaup aantrecke soll. Mer weed wal noch jet en de Fingere falle! Mer kann jo och improviseere.

Aan der Kass steit en lang Schlang. Widder typisch för su ne Lade! Do maachen se Reklam, dat einem de Auge üvverlaufe, un wa'mer jet kaufe un bezahle well, muss mer su vill Jedold hann, wie hückzedachs bei nem Dockter, weil natörlich nor e i n Kass op ess. Die schlau Jeschäffslück wesse, wann en Frau noh langem Söke ens ei Paar Schohn ungerm Ärm hät, wadt die och jedöldich, bes dat se aan der Reih ess. Die stellt dat Paar nit widder zoröck en et Rejal, nä, dovun künnt dann en ander Frau profiteere. Bloß nit!

Vör mer die Frau en der Schlang ess richtich sympathisch. Se hät su en hätzlije Aat, einer aanzelaache. Se jefällt mer jot. Et jitt evvens noch nette Lück en Kölle. Ußerdäm schingk se die Kasseererin jot ze kenne. Langksam arbeide mer uns vör. Op eimol fällt minge Bleck op dat Rejal hinger der Kass. Do stonn en der Dekorazijun doch verhaftich ming Draumschohn. Vum ehschte Augenbleck aan hann ich mich en dä jroßjeblömte jääl/pink/rude Ballerinaschohn verknallt. Dä muss ich hann. Dat Paar ess bloß produzeet woode, för meer ze jehöre. Ohne dä läuf nix mih.

Unverhoots bemerken ich, dat die ›nette‹ Frau vör mer en der Schlang, die blöd Kump, och e Auch drop jeworfe hät. Die ahl Schabrack, wat well die dann met dä Schohn? Die hät doch Wade wie volljedresse Strümp. Die Stempele en Ballerinas? Nä! Hohoho... Dat ich nit laache!

Mer zwei hann Bleckkuntack, un met de Auge jitt dat widderlije Alt mer dat Zeiche: Do kriss dat Paar Schohn nit, un wann ich en dä Dinger sterve! Ußerdäm: Ich ben vör deer draan.

Schweißpäle stonn op minger Steen. Us der Schlang erus, nä, dann mööt ich mich widder hingen aanstelle. Un ... ich hann jo och üvverhaup nit jenohch Jeld en der Täsch.

Trone vör Wot sto'mer en de Auge. Ming Fründin, die em Lade noch am aanprobeeren ess, erkennt ming messlije Laach un reajeet, wie et en solidarisch-loyale Fründin muss, die mer en Extremzituazijune wie där he bruch: Se wirf mer ehre Jeldbüggel zo, domet ich dat hingerlestije Bies eventuell üvverrunde un die Schohn bezahle kann. Jeld jenohch hann ich jetz.

Hatt ich nit jesaat, dat dat Hangdeer vör mer die Kasseererin jot kennt? Un fott sin die Schohn, eifach su. Ohne aanzeprobeere. Dat Aaschbackejeseech weed sich derheim wundere, wann et versök, sing Enteföß en die zierlije Ballerinas erenzefrößele. Dat dunn ich der Hipp jünne. Och... Dat jitt Ping! Un dann noch jroßjeblömp! Jääl/pink/rud!

Alsu meer, meer hann eijentlich jroßjeblömte Schohn noch nie jefalle, en Usnahm wör villeich aan Fastelovend. Su jet Opfällijes wöödt ich för Jot nie aantrecke. Do sin die jrasjrön/wießjetuppte Schöhncher wirklich jet janz anderes, su dezent, zierlich, unopfällich, sujar jet löstich, weil mer minge zaate decke Zih vörre sinn kann.

Un sidd ihrlich, ich, ich hann Jottjedank ne bessere Jeschmack wie, jo wie? Wie die ›nette jnädije Frau‹ met dä Enteföß!

Wors do hück beim ›Obi‹ allt ens lore...

Wors do hück beim ›Obi‹ allt ens lore,
Wat et Neues jitt rund öm der Jrill?
Denn för dinge Schreberjade
Ess deer nix ze vill.

Freus dich, dat der Nohber jroße Auge
Määt, wann do häss widder ens et Bess.
Dozo noch die Teak-Holz-Stöhlcher,
Dat jitt däm der Ress.

Litt de ehschte Woosch om Teller,
Trick der Döff vun Fleisch un Speck üvver et Land,
Weiß do, dat nevvenaan der Nohber
Jetz met deer op eimol jän wör jot bekannt.
Fröhchs do dann, ov hä mööch och e Reppche,
Deer ess dat doch suwiesu ze fett,
Häss do ne Fründ för't Levve,
Jetz fingk hä dich nett.

Wat määt mer met dä janze Kalorie?

Do mer uns jetz op leise Solle aan de Sommerferie am vör-arbeide sin, fingen ich et aan der Zick, üch e paar wichti-je Kalorie-Rejele beizebränge, domet ehr späder nit sage künnt: Dat hätts do uns besser ens vörherr jesaat! Un do ich met Fründe jän alles odder mehschtens vill deile, he evvens su e paar Rejele för de Summer- un Bikinizick, et bess för am Köhlschrank opzehange, dann hatt ehr kein Probleme mih mem Fijörche!

Wann do jet iss un keiner süht deer dobei zo, dann hät dat kein Kalorie. Dat heiß: Naaks esse määt schlank!

Wann do en Light-Limenad drinks un dozo en Tafel Schukelad iss, dann wäde die Kalorie vun der Schukelad vun der Light-Limenad kapott jemaat! Alsu, light – ejal wie vill un wat – ess immer jot!

Wann do met ander Lück jenöhchlich zesammesitz un jet Öntlijes un Däftijes müffels, dann zälle nor die Kalorie, die do mih iss wie die ander Lück. Ävver do iss jo nie mih wie die ander Lück! Dat ess dann för dich quasi ne vollen Diät-Daach.

Wann do jet drinken deis, wat wie Mellizing ess, för e Beispill Rutwing, e Konjäckelche ov zwei, en Tass heiße Kakau, Jlöhwing odder Rumpunsch, dat zällt all nix. Ess esu jot wie vum Dockter persönlich verschrevve.

Wann et Esse zom Deil zor Ungerhaldung jehö't, alsu wa'mer vör der Äujelskess sitz, em Kinema odder eifach nor en jot CD hö't, dann ess en dä Saache, die mer su zwe-schen Daach un Düüster schnupp – mer kennen dat doch all: Schips, Popkoon, Aapenöss ov Coca-Cola un ander sündich Züch – nit ein Kalorie. Dat deit mer jo nit, för sich am Levve ze halde, dat ess jo nor för der Spass aan der Freud, kein richtije Nahrung. Dovun bliev nix hange.

E lecker Kohchestöck odder jet, wat do selvs jebacke

häss, dovör muss do dich nit bang maache. Hät kein Kalorie, weil mer dat jo en klein Stöckelcher iss un dat Fett en un öm die Stöckelcher janz flöck aan der Luff verflüch.

All dat, wat mer beim Koche vum Metz, vun der Jaffel odder vum Löffel probeet, zällt nit. Dat jehö't schleeßlich zom Koche un Avschmecke dozo. Hann uns Omas allt jedonn!

Esse, wat de jliche Färv hät, hät och de jliche Kalorie, wann üvverhaup e paar. Alsu Tomate un Erbelekruck, Pilze un wieße Schukelad, soor Milch un Sahn.

Saache, die enjefrore wore, hann suwiesu kein Kalorie mih. Ehr wesst et doch noch us der Schull: En Kalorie ess en Wärmeeinheit.

Un wat sin jetz eijentlich die Kalorie? Dat sin die fiese klein Deercher, die em Kleiderschaaf wonne un naaks de Kledaasch jet enger nihe. Ävver nit bei üch, wann ehr üch aan ming Rejele halden doot. Wann ehr üch nit aan ming Rejele halden doot, och nit schlemm! Et jeit zwor kei Pündche erunger, ävver durch dat Kaloriezälle künnt ehr op jede Fall vill besser Kopprechene.

Nix ess ömesöns!

Allt em Ömbroch?

Sibbenundressich Jrad em Schatte.
Op der Domplaat künnt mer koche.
Der Asphalt wirf schwatze Blösjer.
Su jeit dat jetz allt zick Woche.

Et Leech ess jrell, de Luff deit flirre.
Nit ei Windche ess ze spöre.
»Morje weed et noch jet wärmer!«
Dä Satz ka'mer nit mih höre.

Et bess, mer deit sich kaum bewäje.
Vum Nixdunn ess mer allt parat.
Jov et fröher su ne Summer?
Dä dis Johr määt uns all malad.

Em Schwemmbad ess jetz jet jebacke.
Opjepass, kein Mötz verkrose!
Mer föhlt sich wie en Ölsardin.
Öm Schatte weed zom Kampf jeblose.

De kölsche Adria deit locke,
Ärch winnich Stoff weed präsenteet.
Janz ejal wat för Fijore,
Schleeßlich hät mer investeet.

Mäncheinem jeit der Kreislauf fleje.
He un do süht mer se kruffe,
De Sonnekinder, rut verbrannt.
Et leevs dät mer ne Pötz leer suffe!

Ehr wesst doch, wie mer hann jeknottert
Em vörr'je Johr bei all däm Rän.
Jebett zom Herrjott: Scheck et Sönnche
Nor e paar Dach met dingem Sän!

Jetz ha'mer Sonn, jetz ha'mer Wärmde.
Em Bösch jlöht allt et ehschte Förche.
De Jadeäd ess knochendrüch.
Ne Wetz wor evvens jrad dat Schörche!

Wie allt jesaat, jetz ha'mer Wärmde,
Vill ze vill vun alle Sigge,
Doch mer muss sich draan jewenne:
Em Ömbroch sin de Johreszigge.

Et bess nor em Drüjje un em Düstere

Mänchmol hann ich jet Probleme met der Uswahl en de Jeschäfte. Fröher wor dat doch all jet eifacher. Em Krömche aan der Eck jov et nor ein Dos Linse- ov Bunnezupp, Mähl vun der Auermüll, Zucker vun Pfeiffer und Langen, fresch Jemös vum Boor nevvenaan un esu wigger.

Hück jitt et, ejal ov mer jet för der Huushalt, et Esse un Drinke ov de Wonnung sök, e Aanjebott, wat et einem schwer määt.

Su natörlich och bei der Kledaasch un de Badeaanzöch. Un do ben ich allt beim Thema.

Badeaanzöch, Bikinis, Tankinis (och widder su ne neumodische Krom) un Sportsschwemmaanzöch jitt et en Färve, Schnett un Materialije, dat mer kaum weiß, wo mer aanfange soll, för sich dat, wat einem pass un steit, uszesöke. Un wa'mer sök, kritt mer Priese öm de Ohre jeschlage, dat de Mul op Stipp steit. Alsu bellich, nä, mer säht jo hück ›preiswert‹ ess jar nix mih.

Ming Fründin hät sich bei ner bekannte Herstellerfirma för Badeaanzöch för de wöchentlije Wasserjymnastik em wärme Thermalbad, die der Dockter ehr verschrevven hät, ne nit jrad bellije Badeaanzoch usjesook un jekauf. Wa'mer en stramm Fijor hät, muss su e Dinge eifach jot setze, domet mer sich wohlföhlt, un dat Wohlföhle hät singe Pries. Dä Aanzoch ess us nem Lycramaterial vun huher Qualität, wat mer öntlich strapazeere kann. Ming Fründin föhlt sich och dodren tireck wohl un deit ehr Jymnastik jede Woch jeneeße.

Su drei, veer Mond sin en et Land jejange. Der Thermalbaddaach ess widder ens do un... der döre Badeaanzoch rieß beim Aantrecke aan e paar tillekate Stelle su en, dat die Stelle sich vun jetz op jlich en jroße Löcher verwandele.

Jo wat ess dat dann? Dat soll en jot Qualität sin? Dat döre Dinge jitt allt noh nor veer Mond der Lycrajeis op!

Ming Fründin ess soor. Su hatt se sich dat verhaftich nit vörjestallt. För su vill Jeld muss su ne Badeaanzoch doch eimol en der Woch ne Thermalbadbesök ushalde! Villeich litt et jo am Materijal. Et jitt jo och die Saach met dä Mondachsautos, aan denne alle paar Woche en Reparator fällich weed.

Flöck setz se sich hin un schriev der Modefirma nen Bref un scheck dä kapodde Badeaanzoch als Bewies för die schläächte Qualität met, natörlich met der Hoffnung, dat mer ehr dat Dinge fründlijerwies ersetz.

Der Bref, dä e paar Woche späder als Antwoot kütt, määt se allt jet nohdenklich.

Fründlich bedank mer sich, dat dat Huus se als Kundin jewenne kunnt, un mer bedo't die Reklamazijun, die ävver leider kein ess. Alsu der Stoff hät, noh langer un öntlijer Pröfung durch et Faachpersonal, kein Fähler, dat Materijal ess vun, wie bekannt, huher Lycraqualität un hät noh dem hüggije Stand vun der Technik de größtmüjjelije Haltbarkeit. Un jetz kütt et: Allerdings muss dat Deil noh jedem Badedaach sorchfäldich met Feinwäschmeddel usjewäsche wäde, denn Chlor, Schweiß, Sonneschotzmeddel, Meerwasser un, vör allem, dat wärm Wasser en Thermalbäder jrief met der Zick dä huhqualifizeete Lycrafaddem aan un... de Elastizität un de Färv sin em Emmer. Dozo kütt, dat mer, wa'mer der Badeaanzoch, wie et normale Minsche jän em Orlaub dunn, em Summer am Strand un en der Sonn aantrick, op keine Fall Sonneschotzmeddel, Sonnekräms ov Körperkräms jebruche darf, weil die, wann sich der Schweiß met denne aan he un do ner Körperstell triff, de wärm Sonn dozo kütt un mer av un aan ens en et Wasser jeit, dat Jewebe zersetze. Dobei öm Joddeswelle nit verjesse: De Mikroorjanisme, die op jeder Huck erömkruffe, huh Lufffeuchtichkeit un dressich Jrad em Schatte, wie mer dat vum Strandorlaub kennt. All dat ess jlatt der Dud för dä Badeaanzoch.

Dat kann doch nit mih normal sin! Do käuf mer sich de schönste un dörste Bademod un darf dat Baselümche eijentlich nor em Drüjje un Düüstere aandunn!

Ich köm mer allt jet ›overdressed‹ vör, wann ich op nem Ball, op der Prinzeproklamazijun odder op nem Bejrävnis, natörlich bei Rän un nit em Sonnesching, dat wör jo söns allt widder ne jrove Fläjefähler, optredde dät.

No jo, mich hät et jo noch nit betroffe, ävver beim nöhkste Badeorlaub muss ich mer jet enfalle loße.

Üvvrijens, minger Fründin hät die Firma dann doch, kulant wie mänche Firma allt ens ess, ne neue Badeaanzoch zojescheck. Op däm Firmeetikettche steit deck un fett jedröck: »Salz- und Chlorwasser, Sonnenschutzmittel und Sonneneinwirkung sowie verstärkte Schweißbildung können Ihrem Badeanzug schaden. Bitte unbedingt beachten.«

Jetz kütt bei ehr natörlich och die Frohch op, wann se dat Dinge üvverhaup aantrecke kann. De Ballsäsong un de Prinzeproklamazijun sin vörbei. En der Famillich un bei de Fründe un Bekannte ess em Augenbleck keiner ähnzlich malad, un noh däm hade Winter weed et bestemmp nen bröllheiße Summer jevve. Alsu nix, ävver och jar nix för dä Aanzoch. Wann se dä unbedingk ens drage well, möt se em Summer en nem Land Orlaub maache, wo öm die Zick do Winter ess. Ävver ich künnt jlatt met üch wedde: Ies un Schnei kann dat Dinge och nit verdrage!

Dat bruch he keiner

Et Jeld weed immer winnijer,
En jeder Kass ess hück e Loch.
Voll Sorje fröhch der Präsident:
Saat, packe mer dat noch?
Mer diskuteet, wie't wigger jeit,
Säht: Dat sto'mer och noch durch!
Do kütt einer vun der Sick,
Dä nit dozo jehö't,
Dä Freud am Zänke hät
Un dä dat Förche noch ens schö't.

R: Jetz jeeß nit och noch jet Öl en et Föör.
Dat bruch he keiner,
Dat määt uns Nut nit kleiner.
Loor, do ess för dich de Döör!

Der Arbeitsplatz ess metens fott.
Mer hät allt Angs vörm nöhkste Daach.
Wie krijje mer dat en der Jreff?
Schlief kaum noch en der Naach.
Mer föhlt sich nor als halve Minsch,
E bessje Zosproch dät jetz jot.
Do kütt einer, dä bes hück
Kunnt maache, wat hä woll.
Dä noch nie kämpfe moot,
Un fröhch, wat dat Jedöns dann soll.

R: Jetz jeeß nit och noch jet Öl en et Föör...

Klunker, Flüh un Kölsche Klüngel

Wä vun uns Fraulück kann sich nit op die ehschte Ohrrin-
gelcher besenne, die klein Korallehätzjer, met e bessje Jold
verzeet, die aan nem winzije Joldhökche enjehange wore
un dann am Ohr löstich hin un herr bommelte?

Mehschtens hatt de Jroß die för de Enkelcher jekauf,
un se jingk och freiwellich met, wann beim Juweleer de
Ohrläppcher durchjestoche woodte.

Die Ping hann mer Weechter jän usjehalde, donoh
kunnte mer endlich en der Schull vun wäje ›neu Ohrring‹
methalde un metschwade.

Je älder mer weed, jelängerjeleever un kossbarer wä-
den och de Ohrring un dä andere Jletzerkrom, dä mer
Fraulück jän aandunn. Ich jläuve, der Herrjott hät uns dat
met en de Weech jelaat, mer hann dat su quasi en de Jene,
un de Edelstein un de Tiamante künne nit jroß odder
bungk jenohch sin.

All dat, wat blänk, jletzert, strohlt, wat jroß un doll je-
schleffen ess un Färve hät, wie de Krunjuwele vum Lisbeth
us Engeland, dat ha'mer jän. Un ihrlich, för jet aanze-
jevve, muss mer jot oppasse, wie jroß se sin, söns verläuf
die Strunzaanjeläjenheit, weil keinem jet opfällt, em Sand.

No ess dat jo nit bloß en Jeschmacksfrohch. Et ehsch
muss ens der Jeldbüggel stemme, nä, stemme ess et ver-
kehte Woot, der Jeldbüggel muss schön voll sin met Euros.
Et bess met decke Sching, denn ne jroße Stein – wie säht
mer esu schön? ne echte ›Klunker‹ – koss allt jet.

Et bruch all sing Zick, och bes mer sich vun de Kinder-
Koralleohrringe bes zo de Tiamante odder antik Preziose
vörjearbeidt hät. Un jeder schaff dat och nit. Mer muss
zwor nit rich doför sin, ävver mer muss et üvverich hann.
Hück sin et immer winnijer, die et üvverich hann, ävver
mänchmol kütt der Zofall un hilf einem.

Wann mer der ›Kölsche Klüngel‹ en Aansproch nimmp,
dat heiß em Klortex, wann der lange Wääch kööter ess wie
der koote, ka'mer och allt ens jet Jeld spare. Nor, domet
ehr dat richtich verstoht: Beim Klüngele jitt et kei Barjeld
op de Hand, ävver ein Hand wäsch de andere, un wa'mer
sich hilf, kütt am Engk vun der Klüngelsschlang villeich
ne leichte Üvverschoss erus. Met dä Moppe, Nüsele odder,
wie der Kölsche säht, met dä n i t enjeplante ›Flüh‹ ka'mer
dann singem Leevje ne dolle Klunker för aan de Kett od-
der aan de Häng kaufe, un weil mer sich selvs och en klein
Freud maache well, käuf mer sich vun däm Ress, dä üv-
verich bliev (beim Klüngele bliev immer ne Ress üvverich,
söns hät mer jet verkeht jemaat), e sportlich Auto.

Nix Jroßes, mer ess jo bescheide.

Un su schlüüß sich der Kreis vun de ehschte Ohrrin-
gelcher üvver der Kölsche Klüngel zo de Flüh widder bes
zo de Klunkere, nor sin die jetz jet jrößer. No un?!

Huffaat lick Ping

Die schick un modän aanjetrocke älder Madamm us Ru-
dekirche kütt mem Porsche vörjefahre un stürmp, ohne
Röckseech op die ander Pazijente, en et Behandlungszem-
mer vum Dockter.

Janz opjeräch weiß se sich nit anders ze helfe, wie un-
ungerbroche laut durch de Praxisräum ze bälke: »Hölp,
Hölp! Här Dockter, stellt Üch ens vör, ich ben vun ner
Wesp jestoche woode!«

Der Dockter kennt sing Pazijente jenau un weiß, dat
hä met singer bedächtijen Aat de Lück widder flöck op
der Teppich kritt. »Leev Frau von Oldenburg, dat ess doch
jar nit esu schlemm. Dat passeet allt ens bei su nem wär-

me, schöne Wedder. Ehr sidd nit de Einzije, där dat hück passeet ess.« Die fing Madamm bliev wigger opjelüs un springk wie e Höppemötzje hin un herr: »Här Dockter, dat ess nit esu eifach, dat ess..., wie soll ich mich usdröcke, dat ess mer ärch schenant. Weil...« se stoddert eröm un sök noh de richtije Wööt.

Su vill Zick hät och ne jedöldijen Dockter nit, ävver, do de Frau von Oldenburg en jot ›Kundin‹ ess, liet hä sich nix aanmerke un fröhch wigger: »No saat mer doch ehsch ens, wo Üch dat Deer jestochen hät.«

Dat Jeseech vun der Pazijentin läuf knallrut aan. »Eh..., dat, dat kütt jar nit en Frohch!«

No weed et dem Dockter ze bunt. »Ävver ich ben Arz un keine ›Hellseher‹. Ich muss wesse, öm wat et jeit.« Die älder Lady kritt vör luuter Opräjung kaum e Woot erus: »Nä, nä! Ich scheneere mich esu. Bei Üch kummen bal all ming Fründinne, un wann die dat vun Üch erfahre, dann jeit dat Hüjänejeschratels op alle Festivitätcher ehsch richtich loss. Do bliev kei Schandmul stell. Su ess dat en de hühtere Kreise. Ich kann mich dann noch nit ens mih op der Stroß sinn loße.«

Langksam kritt der Här Dockter de Bejovung. Wat stellt die ahl Schrappnell sich esu aan? Hä hät doch allt janz ander Lück un Fijore jesinn un behandelt. Wo hät dat Krabbeldeer bloß zojestoche, dat die Ahl su schineerlich ess? Dat weed doch nit...? »Jnädije Frau, Ehr wesst doch jenau, dat ich die Flich hann ze schwijje, un dodraan halden ich mich och. Ävver wie soll ich Üch helfe, wann ich nit weiß, wo Üch dat Undeer jestochen hät?«

De jnädije Frau steit su bedröppelt do wie en Hellijefijor, där mer der Hellijesching avjenommen hät. Se driht un wengk sich wie en Schlang. »Här Dockter, doot mer en de Häng versprech, dat dat Malöör unger uns bliev. Söns muss ich sterve.«

»Jnädije Frau, su flöck stirv mer nit. Ehr maat doch noch su ne jesunden Endrock. Et weed nix Schlemmes sin, un wie et ussüht, künnt Ehr Üch och noch en Langspillplaat kaufe. Ävver nix för unjot: Ehr hatt mi Ihrewoot.«

Langksam kütt die ahl Madamm immer nöher, paasch sich eng aan der Dockter, wirf flöck noch nen ängslije Bleck noh räächs un links, för ze sinn, dat se wirklich och allein em Zemmer sin, un jitt endlich met huhrude Ohre zo: »Jestoche hät mich dat Bieß beim Aldi. Wat en Blamaasch!«

Dä hät jet aan de Föß

Der Kolvenbach, dat ess ne Kääl,
Ärch staats un jot jebaut.
Hät Muskele, un die all do,
Wo andre ärch erstaunt.
Ess fließich un ne jode Chef,
Doch däftich wie en Krat.
Deit mänchmol wie ne fingen Här.
Dat flupp, bes hä dann schwadt.

R: Jo, hä hät jet aan de Föß,
Verkäuf om Jroßmaat fresch Jemös,
Verdeent sich domet jeck un doll,
Doch Boor bliev Boor, dobei spillt Jeld kein Roll.

Der Kolvenbach hät neuerdings
E Hobby, wat ärch dör.
Weil hä jän aan der fresche Luff,
Määt ›Jolfe‹ im Pläseer.
Die Bäll, die klopp hä en et Loch,
Hä hät ne jode Schlaach,

Doch weed jefeet em Jolferclub,
Weed üvver in jelaach.

R: Jo, hä hät jet aan de Föß...

Doch irjendwann do säht hä sich:
Die künne mich ens all,
Om Höffje setzen se wie ich,
Do si'mer all jlich,
Ov met ov ohne Ball.

E bessje Jod wör jot

Ich well jo nit dodrüvver lamenteere, dat de Döcktersch nit
mih su vill wie fröher verschrieve un och de Krankekasse
nit mih su vill wie fröher bezahle, denn, ich kann mich
jot drop besenne, dat der Schwijjervatter sing Tablette un
Droppe immer en Jröße vun ener Kurpackung krääch. Off
woodt die eijentlich jar nit jebruch un floch beim Oprüh-
me dann en der Möll, un dat wor ihrlich nit nüdich.

Wat se ävver einem hück zomode, fingen ich mettler-
wiel jet ärch üvverdrevve.

Ming Fründin ess allt zick Johre ärch malätzich. Nit, dat
se sich hange liet, ävver de Ping schleit ehr doch mänchmol
op et Jemöt. De Knoche sin aanjejreffe vun ener Häd vun
Operazijune, un jede Bewäjung määt ehr Möh. Zickdäm
se aan einem Daach en der Woch Wassergymnastik määt,
jeit et ehr jet besser un de Ping hät e bessje nohjeloße.

Dis Woch muss se sich widder ens jenaustens unger-
söke loße, die sechs Monde sin allt öm.

Wie der Düvel et well, stellt der Dockter op dem Rönt-
schebild widder ne dunkle Fleck fass, dä nit doherr jehö't
un dä unbedingk fott muss.

Et weed ne Termin em Krankehuus zor Vörbespre-
chung jemaat. Dat ming Fründin unjlöcklich un bedröv
ess – met esu jet hatt se üvverhaup nit jerechent; se hatt
jedaach, se wör noh zehn Johre endlich us dem Schnieder
– kann wal jeder vun uns, besondersch dä, dä och allt ens
schwer malätzich wor, verstonn.

Widder op dä fiese Frauearzstohl, widder alles unger-
söke loße, un widder kütt dat selve erus:

Dä Fleck muss fott, en OP steit aan, un mer kann och
nit sage, wat et ess. Am Mettwoch, morjens, en aller Herr-
jottsfröh, muss ming Fründin jetz em Spidol sin. Dat all
ka'mer jo noch verstonn, ävver jetz kütt et.

Noh ener koote Enwiesung en die neu Jesundheits-
reform, met Fachbejreffe beschrevve, die för der zweite
Bildungswääch jet ärch schwer verdaulich sin, kritt ming
Fründin vörjeschrevve, ehre Eijenaandeil ze leiste, dat
heiß, sich am Ovend vörherr – natörlich öm en janz be-
stemmte Uhrzick, die se nit verpasse darf, söns weed die
OP avjesaat – selvs e Klesteer ze setze (ov mer dat üvver-
haup kann un aan die richtije Plaaz allein draan kütt, weed
ehsch jar nit jefrohch), för sich allt ens derheim die Hacke
nohm Klosett avzelaufe. Morjens ess en ›popoleere‹ Aan-
kunf unbedingk erforderlich. Dozo köm dann noch de
Kumplettrasor vun de ungere Jefilde, domet och die mor-
jens bläck parat jemaat op et OP-Team wade. Dat ming
Fründin der Rögge un en Häd ander Knoche kapott hät,
aan Kröcke jeit ov mem Rollator durch de Wonnung läuf,
schingk he keiner ze intresseere.

Ich kann verstonn, dat se noch ens nohjehok hät, ov
se sich villeich e bessje Jod, falls de Raseerkling avrötsch,
besorje un morjens et bess noch Nihnodele, Fäddem un
Kod metbränge sollt, domet se sich, ävver nor zor Nut,
wann keiner zom Vernihe do wör, selvs en schön Noht
met Krützstech stecke künnt.

Üvvrijens, üvver dat Thema ›Eijenarkose‹ hann se dann nit mih jesproche.

Minge Fründ, der Jadezung

Do kütt allt widder su e Schrieves vun der Versecherung. Ich krijjen allt nen decken Hals, wann ich dä ›Binnenbrief‹ lese muss. Alsu ›binnen‹ zehn Dach bruchen die Aapejeseechter jetz, noh minger akkerate Schademeldung, och noch en schrefflije Bejründung, wie et dozo jekummen ess, dat minge Jadezung vum Sturm kapottjedröck woodt.

Ming Versecherung un ich hann allt vör e paar Jöhrcher Selverhuhzick jefeet, ohne dat bes hück och nor eine klitzekleine Schade aanjefallen ess, un jetz stellen die sich bei su nem Penningskrom aan, wie wann ich denne de Botter vun der Botterramm kratze wöll.

Uns Herrjöttche hät jo allt allerhands jecke un kumplizeete Kossjänger!

Met meer ka'mer dat jo maache! Hann se jedaach! Ävver die krijje jetz en Bejründung, dat denne de Auge vörm Kopp stonn.

Huhjeschätzte Dame un Häre,

bes vör e paar Minutte woss ich nit, wat ich Üch schrieve soll. Ävver, do et jo ming Flich als Versecherungsnemmerin ess, op su e Schrieves öntlich jet ze sage, he ming Bejründung.

Ehr sidd et selver schold!

De Sonn wärmb de Luff op der janze Welt. Et jitt natörlich do ne Bärm vun Wärmezone. Do, wo de Sonn piel noh ungen op de Äd triff (mer kennt dat us der Schull als Äquator), wärmb se uns Mutter Äd vill mih wie do, wo se schräch ov scheif aankütt. Muss ich dat nöher usen-einposementeere? Secherlich: Met scheif aankütt, domet meinen ich der Nord- un der Südpol.

Un üvver dem Land määt se et immer e bessje wärmer wie üvver dem Meer. Dat opjewärmb Lüffje dehnt sich us, der Luffdrock weed dobei aan e paar Stelle hüher. Un wat jetz kütt un sich dobei entweckelt, dat nennt mer en der Faachsproch e ›Hoch‹.

Aan dä Stelle, wo de Luff sich nit esu erwärmb un der Luffdrock nidderich bliev, nennt mer dat dann e › T i e f ‹. Un jetz versök dat schlau Lüffje, die Drockungerscheide widder uszejliche ov aanzejliche. Je jrößer der Drockun-gerscheid ess, je flöcker bewäch sich de Luff. Kütt se met sechs Kilometer en der Stund, nennt mer dat Wind; kütt se met fünfunsibbenzich Kilometer aanjeblose, nennt mer dat Sturm, un av hundetachzehn Kilometer heiß dat decke Lüffje Orkan.

Su flöck ess dat Lüffje Jottjedank nit off, nor, wann der Ungerscheid janz extrem ess.

Jo, un jetz ben ich endlich beim Thema. Su ne extre-me Drockungerscheid hatte mer aan däm Schadedaach bei uns en janz Deutschland. Un wie et Unjlöck, dat jo allt ens breit Föß hät, et woll, jöckten dat flöcke Lüffje zor Unjlöckszick jrad üvver Kölle un kom, natörlich rein zo-fällich, och üvver Bergheim aan mingem Huus vörbei. Un, wat soll ich Üch verzälle:

Mi Huus stundt däm decke Lüffje ärch em Wääch. Ävver minge treue Fründ, minge brunge Jadezung, hät sich met all singer Kraff jäjen die Luff jestemmp, för mich un mi Huus ze beschötze. En Zick lang hät et esu usjesinn, wie wann hä et janz allein packe künnt, un hä hät dat fies Lüffje quasi jezwunge, der Wääch durch un üvver et Noh-berschhuus ze nemme.

Hä ess ne wirklich jode Jung, minge ahle Fründ, der Jadezung.

Wie no dat jroße Daach vum Nohberschhuus en einem Stöck vörbeijefloge kom, wat nor en selde Fäll vörkütt, muss sich minge Zung wal verschreck hann odder hä wor jrad jet avjelenk. Dat fiese, flöcke Lüffje hät die Schangks jenötz un minge treue Jadezung heimtückisch un nidderdrächtich zerschlage. Minge Held ess tirecktemang zesammejebroche un vör mingem Huus räächs en de Stockruse un links em Lavendel jestorve. Ävver mich un mi Huus hät hä op jede Fall met singem Dud jerett. Mer ess dobei bal et Hätz jebroche.

Üvvrijens, ben ich nit jäje ›Hätzbroch‹ och bei Üch versechert? Do müsse mer noch ens drüvver spreche.

Dat ess noh minger Aanseech der Vörjang, wie hä sich wirklich vör minge Auge avjespillt hät. Et künnt ävver och jet winnijer dramatisch jewäs sin un der Fall wör wie ne jewöhnlije Sturmschade ze behandele.

Aan däm Daach wor, wie allt jesaat, Sturm üvver un en janz Deutschland.

Sollt jetz Örer Meinung noh noch ne Bereech met Zeujeussage odder en Obdukzijun vun däm leeve, ahle Jadezung nüdich sin, stonn ich jän zor Verföjung.

Ich dunn op jede Fall met der Enäscherung vun mingem Fründ noch e paar Woche wade.

Hätzlije Jröß
Ör ahl Kundin.

Kompjuterprojramm Jattin 1.0
määt Durchenein
Aanfrohch bei nem Aanbeeder för Software

Leev Häre un Mamsellcher,

em vörrije Johr hann ich als Benötzer – dat heiß en der Faachsproch jo User – die Versijun ›Fründin 7.0‹ jäje ›Jattin 1.0‹ enjetuusch. Un jetz stellen ich op eimol fass, dat dat Projramm, ohne mer jet ze sage, ne Puute-Prozeß jestartet un ärch vill Plaaz un för mich wichtije Bereiche lahmjelaat hät. En dem Schrieves, wie dat Projramm fabrizeet weed, ess su en Saach üvverhaup nit vörjesinn.

Ußerdäm enstalleet sich ›Jattin 1.0‹ en die ander Projramme vun selvs un läät ne Start en alle Systeme hin, dat all natörlich vollautomatisch, dä sich jewäschen hät. Un wat passeet? ›Jattin 1.0‹ stopp domet all die ander Aktivitäte.

Die Aanwendunge ›Rüffje 10.3‹, ›Hoonstroß 8.2‹, ›Foßballsonndaach 0.0‹, ›Suffereie 8.9‹ un ›Fuulenze 1.1‹ funkzijuneere nit mih, die Bereiche dunn noh jedem Neuaanfang de Schotte deech maache. Koot un jot: Nix jeit mih!

Dat Schlemme ess: Ich kann ›Jattin 1.0‹ och nit reduzeere, wann ich ming ander Aanwendunge, die mer luuter janz vill Freud jemaat hann, benötze mööch. Ich ben mer ihrlich am üvverläje, zo däm Projramm ›Fründin 7.0‹ zoröckzejonn, ävver wann ich met ›Jattin 1.0‹ Schluss maache well, kütt immer die Informazijun vun ›Jattin 1.0‹, ehsch ens dat Projramm ›Scheidung 1.0‹ uszeföhre. Die Enstallazijun vun däm Projramm ess mer ävver eifach vill ze dör.

Künnt Ehr mer helfe?
Danke, ne jode Kunde.

Un he kütt die Antwoot vum Technische Deens:

Leeven Här,

dat ess en Beschwerde, die ich bal jeden Daach om Desch hann. Der eijentlije Jrund för ne Schade ess ävver der Fähler, dat der Benötzer, jenannt User, dat Projramm em Jrund nit richtich verstanden hät. Mehschtens steijen die Benötzer vun ›Fründin 7.0‹ eifach op ›Jattin 1.0‹ öm, weil ›Jattin 1.0‹ och noch zor Jrupp »Du'mer jet spille un du'mer jet koche« jehö't un immer parat ess.

No muss mer he ens janz klor sage, dat uns Firma ›Jattin 1.0‹ als Betriebssystem entweckelt hät, för all die ander Funkzijune ze kuntrolleere. Mer kann vun ›Jattin 1.0‹ nit widder op ›Fründin 7.0‹ zoröckjonn. Ävver dat weiß mer vörherr!

Bei der Enstallazijun vun ›Jattin 1.0‹ sin e paar zozätzlije Dateie enstalleet woode, die e Re-Load, alsu e Zoröckholle vun ›Fründin 7.0‹, blockeere. Un et ess och nit müjjelich, die verstoche Dateie ze lösche, ze verschiebe odder kapott ze maache.

E paar vun Öre schlau Kolleje hann zwor allt ens probeet, ›Fründin 7.0‹, ›Jattin 1.0‹ un ›Scheidung 1.0‹ ze koppele, ävver am Engk woren de Probleme jrößer wie am Aanfang.

Et bess wör, wann Ehr Üch noch ens die Jebruchsaanweisung un do dat Kapitel »Warnunge – Ungerhaltszahlunge un Wartungskoste vun Pänz av Versijun 1.0« durchlese dät. Dat künnt helfe.

Ich wöödt Üch rode, bei ›Jattin 1.0‹ ze blieve un et Bess dodrus ze maache. Ich hann selvs ›Jattin 1.0‹ vör Johre enstalleet un halde mich jenau aan de Jebruchsaanweisung, vör allem, wat dat Kapitel ›Diverses 5 vör 12‹ aanjeit.

De beste Lüsung för e harmonisch Zesammearbeide ess, ens jet mih die Versijun ›Öm Entscholdijung bedde, ävver janz flöck 99.9‹ ze benötze, die vill ze off tireck am Aanfang em Finster ›Papeerkorv‹ avjelaat weed, dann ess och ›Jattin 1.0‹ widder ens en Zick lang zefridde.

Dat Betriebssystem funkzijuneet su et bess un, sidd doch ens ihrlich, ›Jattin 1.0‹ ess e ärch intressant Projramm, un dat trotz dä huh Koste.

Mer sollt ävver och aan späder denke. Et jitt en däm Projramm die Müjjelichkeit, en zosätzlije Software ze enstalleere, för die Leistungsfähichkeit vun ›Jattin 1.0‹ noch ze steijere.

Us mingem prall jeföllte Erfahrungsschatzkässje künnt ich vörschlage: ›Praline 2.1‹, ›Blome 5.0‹ un ›Ovend ze Zweit 6.6‹ en Deutsch odder Französisch. Dat määt jet herr!

Vill Jlöck
Öre Technische Deens

P.S. Noch för hovvendrop: Doot öm Joddeswelle niemols ›Sekretärin em Minirock 3.3.‹, och nit nor för e paar Woche, enstalleere. Verdräht sich üvverhaup nit met ›Jattin 1.0‹ un künnt aan nem Schade em Betriebssystem schold sin, dä nit mih ze repareere wör!

Ov dat Drück am dröcke ess?

Nohberschaff ess jet Schöns. Jrad en su ner klein Reihehuussiedlung, en där mer zesamme alt jewooden ess, weed och hück noch Nohberschaff jroß jeschrevve. Dat jefällt dem Hückelhovens Hein besonders jot. Mettlerwiel ess hä, wie e paar vun dä ander Huushäre, Rentner un freut sich, dat hä singe Jade för ze krose hät un sing

Karaasch tireck am Huus, en där hä erömfrößele kann aan alle müjjelije Saache. För e Beispill aan singem ahle Fahrrad, aan der rostije Schürreskar, aan singem Roller ov am durchjeschmorte Stöbbsauger vun singem Hätzblättche, dem Drück. Ze dunn hät hä immer jet un, weil die Pooz vun der Karaasch immer opsteit, wann hä do am werkele ess, weil dat Op- un widder Zomaache vun der schwer Döör in ze vill Kraff koss, bliev dä ein odder andere Nohber jän stonn, schwadt e Ründche mem Hein un lort im jet bei der Arbeit zo.

Dis Johr hät hä sich jet jejunnt. Hä hät sich vun singer Rent endlich en neu Pooz för de Karaasch zesammejespart, ein, die jetz elektrisch funkzijuneet, un zwor met ener Fänbedeenung wie bei der Äujelskess. Eijentlich brasselt hä em Winter nit vill en der Karaasch, et ess ze kalt, wann die Pooz immer opbliev, ävver jetz ess dat jo anders. Hück ess su nen Daach, wo hä am fröhe Morje allt weiß, wat läuf. Hück weed de Karaasch ens opjerühmp. Flöck de Arbeitsklamotte aan, en Thermoskann Kaffe ungerm Ärm, su jeit hä en de Karaasch, stich die Fänbedeenung en sing Botzetäsch un määt sich aan de Arbeit. Em Lauf vum Johr ess he su mänche Kroseck entstande, un för dat Ömstivvele un Uszorteere muss hä sich off böcke. Komisch ess bloß, dat bei der Böckerei immer die Pooz wie vun Jeisterhand op un widder zo jeit. Langksam kritt hä jet Wot. Do arbeidt hä sich ne Wolf, un et Drück hät nix Besseres ze dunn, wie vör luuter Dollerei met der Ersatzfänbedeenung ze spille. Nit jrad fründlich bröllt hä et Drück aan, ävver dat ess sich keiner Schold bewoss un bröllt zoröck, ov hä hück schlääch jefuselt wör. Un jetz ess die Pooz och widder zo. Wie hä et nöhkste Mol op Kneen en de Eck rötsch, jeit se allt widder op.

Mettlerwiel hät de Nohberschaff dat Spill metkräje, un, wie et Lück, die nix ze dunn hann, su aan sich hann, stonn

jetz allt e paar Jruppe ›Rentner em Ruhestand‹ öm die Pooz
eröm. Jeder hät en ander Idee, wo mer noh nem Fähler
söke künnt. Einer üvvernimmp spontan dä Arbeitskreis
›Hein en Nut‹, un die Bewäjunge vun der Pooz wäden jetz
rejistreet un ungersook. Die wichtichste Frohch ess: Wann
jeit die Döör op? Der Arbeitskreis ›Hein en Nut‹ erarbeidt
die Antwoot: Nor wann der Hein sich böck; wann hä jrad
steit odder jeit, passeet nix. Jetz wäde freiwellije Tesspers-
sone jesook un zwei jefunge. Wann der Nohber, däm dat
Reihehuus jäjenüvver jehö't, sich en der Karaasch böck,
passeet nix. Wann der Nohber vun nevvenaan sich en
der Karaasch böck, passeet och nix. Wann der Schöfer-
hungk vun Schmitzens en jeder Eck erömschnäuv, kein
Bewäjung. Die Pooz muss alsu mem Hein irjendwie üv-
verirdisch, villeich telepathisch verbunge sin. Selvs beim
Drück, wat met der Ersatzfänbedeenung en der Hand en
der Karaasch ne Veitstanz opföhrt un e bessje op Stippe-
föttche määt, jeit de Pooz nit zo.

Der Hein ess am Engk vun singem Lating. Ävver mer
muss doch eruskrijje künne, wie dat all zesammenhängk!

E bessje kapott liet hä sich op dä ahle Köchestohl en der
Eck falle un, dä, do jeit die Pooz widder zo. Hä deit sich nit
reppe un wäje un wadt av, wat kütt. Nix kütt! Se bliev zo.
Janz vörsichtich steit hä op, stellt sich jrad hin, strich sich
sing Arbeitsbotz jlatt un do, do jeit die Pooz op.

Koot un knapp, die üvverirdische Verbindung zo
der Döör wor die Fänbedeenung en singer Botzetäsch.
Lo'mer et ens vörnähm usdröcke: »Durch die Beugung
seiner Lenden wurde der Druckmechanismus ausgelöst«.
Un dat soll im singe Arbeitskreis ›Hein en Nut‹ en däm
Alder ehsch ens nohmaache!

Der Iffland-Ring röck nöher

Ihrlich, mer ess jo allt e bessje stolz, wa'mer jefrohch weed, ov mer beim kölsche Kumede-Thiater metspille well. Schleeßlich weed nit jeder dodrop aanjesproche. Natörlich muss mer ehsch ens üvverläje un de Famillich nit em Unklore loße, dat mer, wa'mer dat Aanjebott aannimmp, janz vill Zick investeere muss. Et weed immer av engks Aprel zweimol en der Woch ovends jeprob, un die Thiateropföhrunge sin sambsdachs un sonndachs, jenau dann, wann de Famillich et sich jenöhchlich määt. Mehschtens spillt dat Schmölzje die Stöckelcher su öm de veerunzwanzich bes sechsunzwanzich mol. Do muss mer nit jrad e Recheschenie sin, för eruszefinge, dat dat zesamme zwölf ov drücksehn Wochenengde sin, die mer stundelang ungerwächs ess.

Ävver, mer kritt dat all, wa'mer et met Freud määt, en der Jreff un op de Reih, dröm mööch ich üch ens koot verzälle, wie dat bes zor Premiere avläuf.

Natörlich muss mer zoehsch ens e neu Thiaterstöck hann. Wa'mer dann en däm Stöck och metspille darf, jeit et loss.

Mer sollt sich derheim dat Stöck ehsch ens för sich allein durch- odder besser noch laut vörlese, domet mer e Jeföhl för de Ussproch kritt. Dann lort mer sich sing eije Roll jet jenauer aan un versök jet Fleisch aan die Fijor ze krijje. Met ärch jemischte Jeföhle jeit mer op de ehschte Leseprob. Leseprob, dat heiß em Klortex, he weed dat neu Thiaterstöck Satz för Satz un Roll för Roll laut vörjelese. Un he merk mer, wa'mer ihrlich zo sich selvs ess, tireck, dat dat Lese met der Roll, die mer spille soll, üvverhaup noch nix ze dunn hät. Ov mer dat langwielije Jeleiere zo nem melodische Tex ömjefrößelt kritt un dozo och noch schauspillerisch jet brängk??

Jot, mäncheiner kann et allt janz jot beim ehschte Lese, dat muss mer ohne Neid aanerkenne. Ävver ich krijje, ovschüns ich finge, dat ich, bes op dat laute Brölle ohne ze brölle, allt en Topform ben un als Schauspillerin öntlich Staat maache, noch kein Ovazijune, noch nit ens e Scholderkloppe. Schings, nor ich sinn dat esu.

Der Aanrof am nöhkste Morje vum Baas brängk mich widder op de Äd. Dämnoh wor dat, wat ich jester avjejovven hann, nit vill, eijentlich jar nix. Rümcher un Verzällcher vörzedrage ess doch jet anders. Dä, wie heiß dat Wohrwoot? »Hochmut kommt vor dem Fall«. Patsch, do lijjen ich doch jet bedröv am Boddem. Soll ich üvverhaup wiggermaache?

Natörlich maachen ich wigger. Su flöck krijjen die mich nit quitt. Bei der nöhkste Prob, die heiß jetz Stellprob, weed met e paar Stöhl un vill Fantasie et Bühnebild opjestallt. Drei Stöhl för et Kanapee, zwei för de Keller- un Huusdöör, nen ahle Desch meddendren, un jetz darf mer allt richtich öm dat Kanapee erömlaufe, sich ens koot dropsetze un durch de Keller- ov Huusdöör noh drusse renne. Zweschendurch jitt et vun däm ein ov andere Metspillkollech en Rund Peffermünz ov Fishermens Friend för der jode Odem, domet vun eventuelle Knuflauffahne vum Ovend vörherr keiner ömfällt.

Die nöhkste Probe laufe jot. Ich dunn däm Baas zwor noch jet ze vill erömstitzele, un bei mingem Tex hann ich immer noch nit der richtije Bröll jefunge, doför wor ming Handbewäjung, wat för ein, weiß ich jar nit, eifach doll un och minge dramatische Avschlusssatz, hinger der Enjangsdöör unger Trone erusjequetsch, ne Jenoss. Jeit doch!

Un su jeit Prob öm Prob en et Land. Mer weed immer besser, immer lockerer, immer secherer. Der Tex kütt wie em Schlof üvver de Leppe, un stramm optredde, laufe ov danze, dozo met däm richtije Bröll, flupp irjendwann. Ich

finge, Dramatik litt mer, do kann ich mich bei uslevve. Dat
wör e Faach, do künnt noch jet us mer wäde.

Endlich Premiere. Voll Huus, de Famillich un de Frün-
de sin jespannt op dat, wat do vörre op der Bühn met mer
un öm mich eröm passeet.

Et ess wie ne Draum. Bei uns all sitz jede Satz, jede Be-
wäjung ess richtich, jede Veränderung en der Stemm kütt
erüvver, et Bühnebild ne Draum, et Publikum klatsch sich
de Fingere wund. Nä, wat si'mer all stolz. Un ich ehsch!

Un, wat säht ming Famillich? »Mer wosste jo jar nit,
dat do su komisch sin kanns. Wat ha'mer uns üvver dich
kapott jelaach! Su wie do die Tronskann jespillt häss! Doll!
Die Roll wor jenau richtich för dich. Wigger esu.«

Hatt ich nit jesaat, dat mer Dramatik litt? Do müssen
die jet en der verkehten Hals kräje hann!

Et künnt sin, dat dat met däm ›Iffland-Ring‹ noch jet
do't!

Se helfen och üch jän!

De mehschte Lück maachen sich av un aan allt ens Jedan-
ke, wann se älder Minsche op der Stroß beäujele, wie su
ne Rentner odder Pangksijunär der Daach erömkritt. Jeit
ne Fremde zwor jar nix aan, ävver ich jläuve, et ess op jede
Fall e bessje Neujeer dobei, ze sinn, wie ander Lück dat
schaffe, met der neu jewonne Freizick ömzejonn, die se
selvs villeich en de nöhkste Johre och vör Auge hann.

Ov dat, wat ich üch jetz verzälle, ne jode Tipp för spä-
der ess, weiß ich nit, ävver et brängk jet Amesemang en et
Rentnerlevve, un Langewiel kütt dobei nit off op.

Dat älder Ihepaar, wat us dem Enjang vun nem Kau-
fes kom un aan der Stroß stonn blevv, hatt secher jrad ne
jenöhchlije Enkaufsspazeerjang hinger sich. Jet unschlöss-
ich, wat se wigger maache sollte, feel ehre Bleck op ne

Schutzmann, dä jrad ne Strofzeddel am schrieve wor. Nä, su eifach ka'mer dat der Pulizei doch nit maache! Do muss mer doch jet sage! Su lang stundt dat Auto doch noch jar nit em Haldeverbott.

Dä ahlen Här dät sich jet vun der Sick aan dä Schutzmann eraanbrodere un frohchten höösch: »Künnt Ehr nit en Usnahm bei nem ärme Pangksijunär maache?«

Ohne üvverhaup en Antwoot ze jevve, dät der Schupo wigger schrieve. Laut un jet wödich kunnt hä die Stemm vun däm Pangksijunär nevven sich höre: »Do Aapejeseech, jevv mer winnichstens en Antwoot! Häss do dat vun dinger Mamm nit jelihrt?«

Dat hädden dä ahlen Här besser nit jesaat. Jetz woodt ne neue Strofzeddel en Aanjreff jenomme un usjestallt, natörlich zosätzlich zom ehschte, weil de Reife aan einer Sick jet avjefahre wöre. Der Frau Jattin platzten der Krage. Su en Unhöflichkeit muss doch bestrof wäde! Hatt dä Blö dann vun Derheim kein Maneere metjebraat? Nohdäm de jnädije Frau Jemahlin dä Schutzmann met Stockfesch, Kniesbüggel, Rievkohchejeseech, Putschblos, Krommstivvel, Drecksack un Mömmesdrieher titeleet hatt, klemmten der Schupo, immer noch ohne ei Woot, dä zweite Strofzeddel hinger der Schievewischer un dät nen drette Zeddel aanfange. Dat klein Drama do'te su öm de zwanzich Minutte, un je mih de Frau Jattin un der Här Pangksijunär schänge däte, je mih Strofzeddele dät der Mann vun der Frakzijun ›Dein Freund und Helfer‹ usschrieve un hinger de Schievewischer vun däm falsch jeparkte Auto däue. Dat Thiater jingk su lang, bes der nöhkste KVB-Bus kom. Schleeßlich woren die zwei Ahle mem Bus jekumme un moote jetz de Thiaterbühn verloße. Zefridde met sich un der Welt jingk et op Heim aan.

Hück hatten se allebeids Zivilkuraasch jezeich un winnichstens versook, nem ärme Falschparker ze helfe,

un wann dä dobei jewäs wör, hädden dä sich bestemmp
dodrüvver e Loch en der Buch jefraut. Schad, dat et nit
jeflupp hatt, villeich e ander Mol. Ävver met inne ka'mer
immer widder rechene. En Kölle bliev keiner allein!

Se helfen evvens jän ander Lück, och üch, ävver hof-
fentlich nit meer.

Hamburg 01

En de Jeschäfte hann de Chressdachsjeschenke allt widder
de beste Plaaze en de Schaufinstere. Jot, mer hann zwor
ehsch engks Oktober, ävver wann ich ihrlich ben, kaufen
ich jän jetz allt all die jroße un klein Üvverraschunge, do-
met ich vun däm janze Chressdachsstress späder nit mih
vill metkrijje.

Am fröhe Nommedaach ka'mer en Kölle noch jot en-
kaufe un flaneere. Do sin de Jeschäfte noch nit voll, un
de zoständije Bedeenung ess fründlich un jitt sich öntlich
Möh, einem alles noh der Mötz zesammezesöke.

Wann ich esu vum platte Land noh Kölle fahre, hann
ich e bestemmp Parkhuus, wo ich mich, nä, natörlich mi
Auto, jän avstelle. Secher kennt der ein ov andere vun üch
dat och. Dat ess dat Parkhuus nevven der Weetschaff ›Bei
der Tant‹. Dat ka'mer jot aanfahre, et hät schön jroße Park-
plätz, un bes hück hann ich, ejal wat en Kölle mangs wor,
immer noch e Plääzje för mich jefunge. Ußerdäm sin die
Parketaasche met Name usjezeichnet, die mer jot behal-
de kann. Et sin nämlich bekannte Städtename. Un wa'mer
die Parkplatznummer verjessen hät, weiß mer, dat mer op
der Etaasch Hamburg, Berlin, Frankfurt, München un esu
wigger jestanden hät. Domet ess dat Söke nohm Auto allt
nor op ei Stockwerk enjeschränk, un mer fingk si Luxus-
limusinche flöcker.

Ich stonn hück op dem Parkdeck Berlin 03, die 03 heiß: drette Etaasch. Vun he us maachen ich ming Enkäuf un sorje doför, dat ich vör dem Berofsverkehr widder op dem Wääch op Heim aan ben. Aan dem Parkautomat, för et Ticket ze bezahle, steit en Schlang. Widder typisch, immer ess eine vun dä elektronische, huh sensible Apperate kapott, un jetz stonn mer all vör däm Automat, dä nor Kleinjeld aannimmp. Die Schlang weed immer länger. E älder Päärche steit jrad vör däm Automat, un allebeids söken se em Jeldbüggel noh Münze. Dat hält natörlich der Verkehr op, un die, die hingernoh draan sin, fange jetz allt aan, de Nüsele zesammezesöke odder met däm, dä hinger inne steit, et Jeld ze wääßele. Ich stonn su aan der sechste Stell un weiß, dat ich mich noch jet en Jedold übe muss. Bes ich aan der Reih ben, weed dat Päärche secher allt op dem Wääch noh Hus sin.

Nohm Bezahle, ich hann et Kleinjeld allt avjezallt en de Häng, jonn ich nohm Fahrstohl. Hück ben ich ze fuul, die drei Etaasche ze Foß ze jonn. Die Döör vum Fahrstohl jeit op, un wä steit do immer noch dren? Dat älder Päärche, wat allt längs op Heim aan sin sollt. Fründlich, wie ich no ens jestreck ben, frogen ich met enem Laache: »Hatt Ehr et Auto noch nit jefunge?« Wie us der Pistol jeschosse säht dä Mann: »Doch«, ävver die Frau säht: »Nä«. Se vertrick dobei ehre rude, jet üvver der Rand jeschminkte Mungk: »Mer fingen Hamburg 01 nit.« Widder der Mann: »Natörlich finge mer Hamburg 01, dat ess bovven huh!« Dä Disköösch zwesche dä Zwei fängk aan, mer Spass ze maache.

Flöck sagen ich: »Ich kennen dat Parkhuus, Hamburg 01 ess de ehschte Etaasch, dat säht doch allt die Zahl eins hinger dem Stadtname.« Widder der Mann: »Nä, dat kann üvverhaup nit sin! Mer sin allt janz huh, bal op et Daach jefahre.« Leis kütt der Enwand vun singer Frau: »Huh si'mer jefahre, ävver janz huh, nä, janz huh nit. Do verdeis dich.« Et Altarjeschenk ess e bessje soor, weil koot un knapp die Antwoot kütt: »Do woss doch noch nie, wo uns Auto steit, usjerechent hück bess do esu schlau?«

Jetz kummen ich widder aan de Reih: »Dann doot doch op jeder Etaasch aanhalde. Irjendwann muss jo üvver der Usjangsdöör Hamburg 01 stonn.« Wat jetz kütt, hädden ich mer denke künne, der soore Ihemann: »Ha'mer allt all jemaat. Mer woren op jeder Etaasch. Nix Hamburg 01.« Erstaune vun minger Sick: »Alsu dann wort Ehr doch och allt op dem ehschte Parkdeck. Un do steit dat deck un fett. Ich weiß dat jenau.« »Nä, dat kann et jo jar nit sin, do bruche mer nit ze halde, mer sin doch beim Erenfahre huh jefahre!«

Ich jevven et op, dä Verzäll muss ich mer nit wigger aandunn, wünsche fründlich noch ne schönen Daach un vill Pläseer beim Erop- un Eravfahre, steije us un höre, wie die Frau met leiser Stemm säht – dobei deit se secher met de Wimpere jet klimpere un dem ahle Kääl schön Auge maache wie en älder ›Siren‹ (nit en ahl Siren die hült, Sirene, dat woren doch die staatse Wiever, die der Odysseus jeck jemaat hann): »Vatter, komm, loß mer uns doch die ehschte Etaasch noch ens aanlore, villeich hät die jung Frau (jung Frau, domet hät se mich jemeint) doch Rääch.«

Ov die zwei ahl Lückcher dat jedonn hann, weiß ich nit. Ich ben op jede Fall widder jot op Berlin 03 aanjekumme, un jetz jeit et noh Hus.

Wann ich en de nöhkste Däch ens widder noh Kölle kumme un he parke, passen ich ens op, ov die Zwei immer noch op Städtetuur sin!

DÄ, ALLT WIDDER ESS ADVENT

Hück weed der ehschte schöne Winterdaach

E bessje Schnei, dä jov et fröh am Morje,
Wie fresch met Puder üvvertrocke süht et us.
Et ehschte Morjeleech fingk endlich singe Wääch,
Noch ess et stell, en deefer Rauh et Huus.

De Nohbersch-Katz kritt hück e ieskalt Föttche,
Sitz vör der Kellerdöör, wadt drop, dat die jeit op.
Vum huhe Kirchtoon schleit de Uhr allt sechs mol laut,
Do us dem Finster lo't ne möde Kopp.

Der Zeidungsmann hät allt sing Arbeit fädich,
Riev sich sing Häng un jrummelt: Nä, wat ess dat kalt!
Hä freut sich op en wärm Tass Kaffe odder zwei
Un määt am Kiosk aan der Eck koot Halt.

Op kahle Äss em Keeschbaum setze Meisjer;
Wann et su wigger schneit, wäden die hück nit alt.
Doch die ahl Schmitzens kennt dat Johresspill allt lang,
Hät flöck et Vugelshüsje opjestallt.

Schneiflocke fange widder aan ze danze.
Wo se sich setze, süht et us wie wieße Watt.
Vörwetzich lore Sonnestrohle öm de Eck.
Pänz dröcke sich de Nas am Finster platt.

De Luff ess weich, de Welt weed langksam munter.
Noch jet verschlofe kütt et Veedel us de Föß.
Jetz hö't mer Dürre schlage, Autos springen aan,
Un op der Schullwääch freue sich de Quös.

Laache un schwade hö't mer us de Hüser.
Laut Hungsjebell määt, wie su off, der Letzte waach.

Fruh säht de Jroß: »Ich spöre all ming Knöchelcher:
Hück weed der ehschte schöne Winterdaach!«

De schönste Kääze strohlen em Advent

De Däufkääz määt uns hellich,
Weil der Herrjott uns bejröß.
Un dä fröhch nit donoh:
Saach, häss do jet aan de Föß?
Jebootsdachskääze, bungk jemisch,
Am Kohcherand plazeet:
Die uszeblose hät doch jeder
Allt ens usprobeet.

R: Doch die schönste Kääze strohlen em Advent.
       Veer aan der Zahl, jederein se kennt.
       Se brängen off Verjessenes widder aan et Leech.
       Mer süht en jeder Kääz e leev Jeseech.

De Osterkääz, dem Herrjott noh,
Durch't Kirchejohr uns dräht,
Brennt jede Sonndaach staats,
Weil dat Leech uns Hoffnung määt.
De Kummelijunskääz drage stolz
Bes aan et Krütz de Pänz.
Un selvs en Allerhellijekääz
Nit nor för Dude jlänz.

R: Doch die schönste Kääze strohlen em Advent...

Schmecke, ruche, spöre

»Mamm, he em Huus, do rüch et noh Plätzjer,
Wie wann et Chresskind bei uns wör ze Jass.
Wöödt deer jän helfe un ens probeere.
Do weiß doch, dat maat mer fröher allt Spass.

Mamm, ding Brotäppel, die sin ech Spitze,
Un dä wärme Ovve deit eifach jot.
Mamm, et fählt noch et Leech vum Adventskranz.
Wat ha'mer't jenöhchlich, nix kütt ze koot!

Mamm, die Stäne un Leechter, die strohle
Aan jedem Finster bes deef en de Naach.
Em Huus do spört mer, Adventszick ess kumme,
Mamm, do häss et widder su schön jemaat!

Mamm, janz ihrlich, en meer sin Jeföhle,
Su wärm un su jlöcklich. Määt dat die Zick?
Mamm, jläuv mer, ich dunn de Chressdäch allt spöre,
Schmecke un ruche, bal ess et su wick.«

»Leev Kind, wann dat, wat ich esu maache,
Bei deer noch aankütt, trotz drusse dem Stress,
Dann lihren ich jän vun deer jet dozo:
Wa'mer well, rüch, spört un schmeck mer dat Fess.«

Für Sascha 1996/2010

Wat der Hellije Mann sich wünschen dät

Em Schöckelstohl em Chressdachshimmel
Jenöhchlich sitz der Hell'je Mann.
Hä föhlt sich möd un määt e Nörche,
Freut sich, dat hä jet räste kann.

Hä schlief e bessje, dräump e bessje
Un kritt bal nit mih op de Reih
Die Wünsch vun all dä klein Trabante,
Denk: Dis Johr nemmen ich ens frei!

Un wie hä dräump ›vun wäje Wünsche‹,
Do fällt im selvs em Schlof jet op:
Nie woodt jefrohch en all dä Johre,
Ov hä ne Wunsch hatt, kom nit drop.

Doch hück mööch hä et üch ens sage:
Vill ess et nit, wat hä jän hätt.
Draht ehr ens hunderte vun Johre
Immer et selve, och em Bett!

Dä ahle, lange Bischoffsmantel
Mööt op der Möll, ess nix mih wäät.
Ne jraue Trenchcoat, eng, met Jödel,
Ess doch modän jetz op der Äd.

Die Ledderschohn, janz durchjelaufe,
Se neu ze lappe, brängk et nit.
Hann dausende vun Kilometer
Allt hinger sich, sin nit mih fit.

Dat Foder, enne, rüch jet möffich,
Ess durchjeschubb, deit allt ärch wih.

Hück hät mer doch en Riesenuswahl,
Vör dausend Johr jov et bloß die.

Un bei der Trenchcoat, dat wör nüdich,
Bröht hä noch en neu Botz för jot.
Su wie die Jolfer die hück drage,
Schön jroßkareet, hä hät jo Mot.

Hä hädden jän, un dat för länger,
Op Stipp jejeelt janz koote Hoor,
Vun singem Baat dät hä sich trenne.
Och ohne dä köm hä jot klor.

E Hippebäätche, wie die Pooschte,
Die en der Äujelskess ze sinn,
Pechschwatz jefärv, dät im jefalle,
Su wör als Hell'je Mann hä ›in‹.

Un wie hä jrad su schön mööch dräume
Vum neue Staat em neue Jlanz,
Kütt ene Bref, Eilposs zom Himmel:
»Tach, Hell'je Mann, ich ben der Franz.

Ich freue mich, wann em Dezember
En dingem Bischoffsstaat do küss
Un met dä Schohn us ahlem Ledder
Jäjen uns Huusdöör kräftich stüss.

Wann voll met Ies un Schnei schön jletzert
Och dinge lange, wieße Baat,
Weiß ich, do häss dich nit verändert,
Hann nit ömesöns op dich jewadt.

Et ess he unge, wo ich wonne,
De Zick metunger hatt un kalt,
Doch Jottjedank, dat do em Himmel
Dä Ahle blievs, dat jitt mer Halt.

Op dich, do ka'mer sich verloße,
Wie op ne jode, ahle Fründ.
Zo deer, do hann ich noch Vertraue.
Mööch dich ens dröcke, wann ich't künnt!«

Der Hell'je Mann föhlt sich ärch jlöcklich,
Si Hätz weed metens botterweich.
Hä trick sich aan sing ahl Klamotte;
Un die Entscheidung fällt im leich.

Dezemberfreud

Weed der Dezember endlich kalt
Un wieße Mötzjer dräht der Wald
Un em Kamin knestert et Föör,
Dann steit et Chresskind vör der Döör.

R: Wann et dann en minger Köch
       Noh Äppel, Nöss un Stolle rüch,
       Denken ich aan fröher
       Un ming Puutezick kütt nöher.
       Sinn de Mamm met rude Backe
       För de Plätzjer Baumnöss knacke.

Wann op de Finstere em Daach
Iesblome jletzere voll Praach
Un ovends weed der Himmel rut,
Dann back et Chresskind för uns Brut.

R: Wann et dann en minger Köch...

Un strohlt de veete Kääz om Kranz,
Dann freut sich jede kleine Panz:
Noch zweimol schlofe, dann määt höösch
Et Chresskind sich op singe Wääch.

R: Wann et dann en minger Köch...

Oh du fröhlige...
Aufsatz viertes Schuljahr

Allt immer weed bei uns en der Famillich jedes Johr Chressdaach jefeet, janz jenau am 24. Dezember. Ne bessere Termin hann ming Eldere nit jefunge, weil jrad aan däm Daach su schön Filme en der Äujelskess laufe. Wann de Mamm zom zehnte Mol ›Sissi, Schicksalsjahre einer Kaiserin‹ süht, hät die allt noh ner Stund verkresche Auge, un mer Pänz freuen uns och immer op die Widderhollunge vun ›Die Feuerzangenbowle‹ odder ›Die Mädels vom Immenhof‹. Ußerdäm muß der Papp nit arbeide.
    Der Hellije Ovend fängk immer jlich aan. Der Papp trick loss en der Bösch un fährt mem Fahrrad nen Dannebaum öm. Natörlich met däm Hingerjedanke: Ich krijjen der Chressbaum su ömesöns. Ävver mehschtens weed hä dobei vun nem jröne Funk erwisch un muss öntlich Strof bezahle. Un su weed unse Baum immer vill dörer wie ne Chressbaum, dä hä öm de Eck em Supermaat kaufe künnt. Ävver ich jläuve, minge Papp bruch dat Nervekitzele, domet kann hä sich allt e bessje avreajeere, weil im söns de Famillich ze flöck op der Senkel jeit.
    En der Zick, wo der Papp sich met dem Fööschter wäjen dem Chressbaum en de Hoore litt, deit de Mamm die

Plätzjer söke, die se en de letzte Woche jebacke hät, un
wundert sich jedes Johr, dat allt widder en Plätzjedos led-
dich ess. Mer Pänz hann immer erusjefunge, wo se versto-
che wor. Domet mer nit ze winnich hann, höllt de Mamm
us der Tiefkühltruhe dä ahle Plätzjedeich vum vörrije Johr
un back dä op. Alsu als Tillekatess ka'mer dat hade Jebrö-
ckels nit bezeichne, dat loße mer för de Verwandtschaff
üvverich.

Ovends kumme, wie en jedem Johr, de Tant Josefin
un der Ühm Franz zom Esse. Vör Johre kome noch mih
Verwandte zo uns, ävver zick der jroße Pilzverjeftung vör
veer Johr kummen die nit mih. Ävver de Mamm hatt dat
ihrlich nit extra jemaat. Doch de Tant Josefin un der Ühm
Franz loßen sich vun su jet nit avschrecke. Do mööt de
Mamm allt jrößere Jeschötze opfahre.

Pünklich öm sibbe Uhr ovends weed jejesse. De Mamm
hät dat Deer, wat der Papp am Daach vörher üvverfah-
re hät (ich jläuve, dat wor en Flochent, die op der Stroß
spazeere jingk), zesammejefleck, un jetz kütt die als Brode
(wa'mer fies wör, künnt mer och sage, als Schwatzweld-
brode) op der Desch. Mer Pänz maachen uns immer selvs
en Freud beim Esse un versöke, noch e paar Reifespore
vum Papp am Buch odder aan de Flöjele ze finge. De Tant
un der Ühm esse derwiel all dat, wat kütt un wat üvverich
blievt.

Nohm Esse muss mer sich bei uns en der Famillich dä
Verdauungsschabau verdeene. Et weed zesamme jespillt:
die ›Pauschalreise nach Jerusalem‹. Ovschüns mer nor
sibbe Lück sin, bruche mer aach Stöhl. För die, die uns
Tant Josefin un der Ühm Franz nit kenne: Die zwei sin jet
ärch stabil jebaut, die bruchen immer zwei Stöhl för ein
Fott. Eine Stohl hält dat Jeweech nit us. Mer spille dann
esu lang, bes die puckelije Verwandtschaff möd ess un
freiwellich op Heim aan jeit. En der Zweschezick ess der

Papp öntlich besoffe un spillt för sich allein die ›Rückreise von Jerusalem nach Köln‹, Stöhl hät hä jo jetz jenohch, un wa'mer leis sin, künne mer der Papp zefridde singe höre: »Oh du fröhlige, oh du seelige, de Tant Seph un der Ühm sin widder fott!«

Hell strohlen all die Leechter

Us alle Ecke rüch et jot.
Et rüch noh Chressdachsmaat.
Em Schatte he vum huhe Dom
De Büdcher stonn parat,
Met Leckerjots för Pänz
Un Schmuck, dä fesslich jlänz.
Schneiflöckcher fingen sich zom Danz,
Do singk ne kleine Panz:

R: Winter en Kölle, jlöcklije Jeseechter!
    Winter en Kölle, hell strohlen all die Leechter!
    Un bal määt sich bepack janz leis
    Et Chresskind op sing Reis.

Am Jlöhwingstand jitt et allt Stau.
He knubbelt sich die Schwitt.
Rievkohche schwemme en der Pann.
Jedrängelt weed he nit!
Der Pitter reziteet
Op Kölsch e Chressdachsleed.
Ne Männerchor us Attendorn
Stärk sich mem fünfte Korn.

R: Winter en Kölle, jlöcklije Jeseechter...

(Bridge)
Un wadts do op et Chresskind,
Jläuvs, keiner denk aan dich:
Dä Klein em Kreppche laach och för dich un mich!

Nor e bessje Fridde un Besennung

Jetz kütt se widder, die Zick, en där mer vill Leech en et
Düüstere bränge mööch.
Jeder vun üch kennt dat en der Zick vör de Chressdäch.
Die ess eifach jet Besondersch. Dat kahle un uselije Wed-
der määt uns Jedanke un der Kopp klor. All die domm
Saache, die uns em Lauf vun nem Johr jeärjert hann, sin
verjesse. Mer bruch jetz em Kopp un en de Jedanke Plaaz
för de Stemmung, de Stemmung en der Zick vör dem
Chressfess, met allem Dröm un Draan.
    Minge Nohber fingk dat och un verzällt mer, dat hä dis
Johr sing Edeldann em Jade met bungkte Leechter schmö-
cke well.
    Jo, un jester hät minge Nohber si Verspreche enjelüs un
singe Dannebaum met su en dressich klein wieße Lämp-
cher illumineet. Süht schön us, dat säht och de janze Noh-
berschaff. Ich hann hück beschlosse, bei der Herstellung
vun Chressdachsstemmung metzemaache, un mich em
nöhkste Baumaat noh klein Lämpcher ömjesinn. Natör-
lich sollten et e paar mih wäde, nit su kniestich, vun wä-
jen der Wirkung. Hann mich noh langem Üvverläje op en
Fuffzijer-Leechterkett met extrastarke Lämpcher, die klor
wie Kristall allt su strohle, fassjelaat, un ich dunn die jlich
hück Ovend monteere.
    Dat hatt ich nit jedaach, minge Nohber schingk minge

Wunsch op en jot Nohberschaff un Zesammearbeit, domet uns Stroß schöner weed, messverstande ze hann. Hück Morje woren en singem Jade nit bloß alle Dannebäum, nä, och dä ahle Kuschteiebaum un die drei Soorkeesche met Leechterkette bestöck. Durch minge Feldstecher kunnt ich nit su jot sinn, ävver ich hann die Lämpcher ens koot üvverschlage un kom op en erstaunlije Zahl, nämlich op mindestens achzich Lämpcher je Baum. Soll dat jetz ne Wettkampf jevve? Dat ess doch för erwaaße Minsche, wie mer dat sin, nit ze jläuve.

Et jitt jo Zofäll em Levve. Un wat soll ich sage, durch Zofall kom ich hück Meddaach aan nem Baumaat vörbei.

Hatt ehr jewoss, dat mer beim Enkauf vun fuffzehn Leechterkette met je hundertfuffzich Lämpcher nen Sonderrabatt kritt? Ich fingen dat doll. Wo mer spare kann, sollt mer spare! Üvvrijens, besonders effeckvoll fingen ich die Kette, die su blinke. Leider jitt et die nor met zweihundertfuffzich Lämpcher. Dat halden ich dann doch för jet üvverdrevve un kaufe nor zwei dovun. Dat reck för die jroße Dann. Wann ich die zwei Jummibäum jetz metzälle, hann ich veezehn bestöckte Bäum. Irjendwie litt üvver mingem Jade e Leuchte vun Fridde un Jenöhchlichkeit.

Minge Nohber süht dat wal nit esu. Ich weiß nit, wat dä well, op jede Fall muss hä widder zeije, dat hä noch mih en Petto hät. Hä hät singe janze Jadezung met Leechquelle behange. Ich jläuve, et sin bestemmp dausend Leuchkörper, die em Rhythmus vun ›Oh du fröhliche...‹ am blinke sin. Un dat och noch en widderlije Kamellefärve, wie pink un jrasjrön. Typische Bellichwar! Dat säht mer tireck minge Elektriker, wie hä aan minger Fassad e paar Leuchstäne met Motive us der Bibel aanbrängk. Un wann üvverhaup Färve, dann sparen ich aan nix, dann müssen et och bungkte Halojenstrohler sin, wie die, die ich jetz em Jade un vörm Huus verdeilt hann.

Vun dä Fijore, die en de Finstere rhythmisch blinke, krijjen ich jet Koppping. Un die wäden och nit besser, wann ich mer voll Stolz ming neu aanjebraate Fünfdausend-Watt-Himmelsstrohler en Bogeform besinn. Die schmieße dozo noch Bletze en der wolkeverhange Himmel, un et entsteit ne intressante Kontrass zo dä laserjesteuerte Beamer, die op de Wolke Bilder vum Marie, vum Jupp un vum Jesuskind mole.

Alsu dojäje sin die neuenstalleete Laufleechter aan der Fassadekant vum Huus vun mingem intrijante Nohber ihrlich eifach lächerlich.

Hück hatt ich unverhoff Besök vun nem Elektriker vun der Rheinenerjie, dä et Aansteije vun mingem Stromverbrauch för nen Defeck em Leitungssystem jehalden hät. Ävver ich stelle nohm Berode minge Tarif för de nöhkste Zick op meddeljroße Jewerbebetrieb öm. Do ess de Jrundjeböhr jet jünstijer. Unse Disköösch weed leider jet jestört. Minge jecke Nohber hät mettlerwiel e elektrisch jesteuert Klockespill üvver et janze Jrundstöck verdeilt em Jade hange, wat op Knoppdrock veezich deutsche un internazijunale Chresssdachsleeder avspillt. Nit uszehalde!

Ävver dat loßen ich nit op mer setze. Mer fällt immer noch jet en! Hann ne Beamer enstalleet, dä op uns Karaaschepooz dä Film üvver dat Levve vun Jesus met Charlton Heston en der Hauproll projizeet. En Reserve hann ich noch, falls alles zesammebrich, en Kopie vun ›Ben Hur‹ un ›Die Zehn Gebote‹. Dat mööt recke.

Die Minsche, die all en uns Stroß kumme, ka'mer kaum noch zälle. Dobei stellen ich met e klei beßje Stolz fass, dat dat Opblose vun fing Selverstäncher vör mingem Huus de Lück bejeistert, su dat se bei meer länger stonn blieve.

Alsu, do kann och vun mingem Nohber dat Rentierjespann met dem decke Posaunenengel nit methalde, nit, zickdäm ich för ömesöns jedem ne Jlöhwing un e paar selvsjebacke Plätzjer spendeere.

Wat ich nit verstonn: Hück hät de Stadtverwaldung jede Zorschaustellung, die jet met de Chressdäch ze dunn hät, en minger Stroß verbodde. Un dat Arjument: He wöödt ne nit jenehmichte Chressmaat avjehalde.

Do ess et widder, dat, wat ich allt zick Johre bemängele. Hück hät jo keiner mih Verständnis doför, dat mer de Zick vör de Chressdäch en Fridde un en Besennlichkeit jeneeße mööch.

Alles, sujar de Stemmung maachen se einem kapott. Dat säht och minge Nohber, met däm ich mich jetz widder verstonn.

Wessen dat die Minsche...

Et jingk op Chressdaach aan. Och de Deere em Wald frauten sich op dat Fess, däten sich ävver strigge, wat wal de Haupsaach aan Chressdaach wör. Noh un noh hatt jedes Deer jet se sage.

»Ne schöne, krosse Jänsebrode«, saat der Fuchs, »wat wör Chressdaach ohne Jänsebrode? Nix!«.

»Vill Schnei«, domet dät sich der Iesbär ze Woot melde, »janz, janz vill Schnei!« Hä verdrihten de Auge vör luuter Vörfreud: »Wieße Chressdäch, minge Draum!«

Dat schlanke, söns ärch bescheide Rih leet se all wesse: »Ich bruche ne Chressbaum, richtich schön jewaaße met decke Äss un Dannezappe draan, söns kann ich eifach nit feere.«

»Ävver nit ze vill Kääze drop«, hülten die ahl Ül em Kuschteiebaum, »schön jenöhchlich un halvdüüster muss et sin, dat ess jot för de Stemmung, un Stemmung, dat wesst ehr all, ess de Haupsaach aan Chressdaach.«

De Elster kunnt et kaum erwade, bes dat se aan der Reih wor: »Un Preziose, Preziose sin et för mich. Aan jedem Chressfess krijjen ich jet, mänchmol ne Ring, mänchmol e Armband ov en Kett. Ohne dä döre Jletzerkrom ess dat för mich keine Fessdaach. Et wöödt mer eifach jet fähle. Allein allt dat Besorje määt mer vill Freud.«

»Un wie ess dat met däm Stolle?«, knotterten der Bär, »dat wör doch nit uszedenke, wann dä nit op der Desch köm! Wann et dä nit jitt un och kein selvsjebacke Plätzjer, verzichten ich jän op de Chressdäch.«

»Maach et doch wie ich«, saat der Dachs un maat et sich en singem Bau jet kummod, »schlofe, schlofe un noch ens schlofe. Do kütt et doch drop aan. Chressdach heiß för mich: endlich ens usschlofe!«

»Un suffe«, brollt der Ohß, »sich ens richtich besuffe un dann schlofe!«

Ävver op eimol dät der Ohß ophüle »Aua« un lorten der Esel wödich aan. Dä hatt im nämlich nen öntlje Trett en sing decke Fott jejovve un jesaat: »Do Ohß, denks do dann üvverhaup nit aan dat Kind?«

Do kunnt der Ohß nit anders un dät sich su schamme, dat sing decke Ohßebacke janz rut woodte: »Dat Kind, jo, dat Kind, dat ess doch de Haupsaach«.

Jet nohdenklich waggelten der Esel met singem Kopp: »Üvvrijens, wessen dat die Minsche eijentlich? Noch?«

(Kölsche Nacherzählung nach einem hochdeutschen Text von Johannes Hildebrandt)

Der Chressbaum

Gertrud Kolvenbach kommt mit einem Weihnachtsbaum im Arm angeheitert nach Hause, wo Anton Kolvenbach wartend im Sessel sitzt.

Antun   Jertrud, wat jeis do su dräumdöppelich! Setz doch ding Enteföß ens richtich! Plattföß sin jo noch elejant jäjen ding Schoche.

Jertrud   Ich hann Blose... Häss do üvverhaup en Ahnung, wie lang ich noh su nem schöne Bäumche söke moot?

Antun   Su e schäbbich schön Bäumche kritt mer aan jeder Eck.

Jertrud   Dat stemmp nit. Ich hann doför drei Kölsch un veer Jlöhwingtässjer jebruch.

Antun   Su süht dä Baum och us! Un wiesu häss do dä allt jeschmöck jekauf?

Jertrud   Dä hann ich nit jeschmöck jekauf. Aan däm Bäumche he ess jede Kugel hatt erarbeidt.

Antun   Wat verzälls do mer dann do för ne Käu! Hatt erarbeidt! Do häss doch noch nie hatt jearbeidt! Do häss doch bei meer e Levve wie ne Draum!

Jertrud   Jetz weiß ich och, woröm ich immer su schwere un schläächte Dräum hann, die nor met deer ze dunn hann! Dat sin ming eije Alpe, die ich do eropklemme, för et deer all rääch ze maache.
Ävver jet anders, ich, ich hann die Kugele, en neu Diseiner-Kollekzijun, vun minge letzte Mädchejrosche jekauf. Die hatt ich mer beim letzte Schötzefess, wie ich vun deer dä dolle Job üvvernomme hatt, drei Dach et Fesszelt un de Klosetts ze putze, op Sick jelaat.

Antun   Och nä, kaufe un putze, dat nenns do Arbeit!

Jertrud   Nä, Antun, dat ess wohr. Ding dreckelije
Wäsch ze maache, dat ess för mich e Jeschenk,
un för dich ze koche un ze putze ess dat, wo-
vun ich mi Levve lang jedraump hann. Do bess
esu jot zo meer, ich ben deer jo esu dankbar!
Do stief Jedresse!!

Antun   Sühs do, do sähs et selvs, ich ben esu jot zo
deer. Üvvrijens, ich ben evvens ens koot noh
Hus jejange, weil ich öntlich Schless hatt,
ävver de jnädije Frau wor nit do. Do moots
jo ne Baum kaufe.

Jertrud   Dat wor och vill wichtijer. Weiß do, Arbeit,
Arbeit wor, die Kugele all ze däufe. Un dat
hann ich zesamme mem Senkendeckels
Hein am Jlöhwingstand jedonn. För drei
Kugele broht ich dann immer ein Tass
Jlöhwing met ›Amoretto‹.

Antun   Dann kann ich mich jo met jeder Kugel jetz
persönlich ungerhalde! Wat weed dat ne
schöne Hellije Ovend met esu vill fremde
Lück! Gestatten, Kolvenbach, Anton Kolven-
bach, un... wie heißen die jnädije Frau Kugel –
he vörre?

Jertrud   Antun, die hann all hellije katholisch-kölsche
Name. Ich hann mer ärch vill Möh jejovve.
Dat sin all ming Schwestere. Loor, die vun
bovven links noh räächs heiße: Marieche,
Lisbeth, Drüggela, Traudche, Sofie, Sting, Billa,
Züff, av he heißen se all nor noch... Rösje,
Rösje, Rösje.

Antun   Jertrud, wat ich nit verstonn, do ben ich der
beste Chressbaumverkäufer em Veedel, un
do, do käufs bei der Kunkurrenz.

| Jertrud | Antun, dat ess, weil ich dich esu jot kenne. Ich, ich loße mich vun deer doch nit och noch op Chressdach bedrieße. Jlöcksillije Chressdäch, mi Hätzblättche! |

Mer muss och deile künne

Pitter und Nettche treffen sich auf dem Markt da, wo die Weihnachtsbäume verkauft werden. Sie sind langjährige Nachbarn.

Nettche	Tach, Pitter, em vörrije Johr aan Hellichovend ha'mer uns doch jenau he aan der Stell versproche, wa'mer uns em nöhkste Johr widder öm de jliche Zick he treffe, jo'mer zesamme eine drinke, ejal ov mer Zick hann ov nit.
Pitter	Tach, Nettche, do häss Rääch. Dich he hück ze treffe määt mer richtich Pläseer! Hann ich nit met jerechent.
Nettche	Hät dich ding Frau widder op de letzte Minutt lossjescheck, ne Chressbaum för hück Ovend ze kaufe?
Pitter	Jo! Do, do mööts doch ming Frau och allt jot jenohch kenne, schleeßlich wonne mer üvver dressich Johr op einer Etaasch zesamme, un do weiß, dat die immer kniestijer weed.
Nettche	Jläuv dat jeck Schössje, dat et hück, op der letzten Dröcker, verhaftich noch ne staatse Chressbaum för winnich Jeld, et leevs ömesöns, jitt?
Pitter	Weiß do wat, dat Frauminsch stellt och

noch Aanspröch: jot jewaaße, kräftich jrön,
kein Nodele, die allt avfalle, un natörlich
muss dat Draumbäumche drei Meter fuff-
zich huh sin. Do weiss jo, uns Zemmere
hann huh Decke. Un dat för nit mih wie
zwanzich Euro.

Nettche   Wees do wal he nit finge! Muss do deer eine
mole odder dich met enem kleine Baum
zefridde jevve, nä durchsetze!

Pitter   Häss jo Rääch, Nettche.

Nettche   Dann paasch ens ding Fottbacke zesamme
un zeich dingem Liss, wä av hück der Här
em Hus ess!

Pitter   Et Liss un ich sin allt üvver veezich Johr
verhierodt. Meins do ihrlich, ich künnt do
noch jet ändere?

Nettche   Wann do et nit versöks, käufs do bes ze din-
gem Dud immer wigger aan Hellichovend
en Kröck un häss jedes Mol fiesen Ärjer un
versaute Chressdäch.

Pitter   Nä, av hück ben i c h der Huushär!

Nettche   Un wat määt dä ›Huushär‹?

Pitter   Dä käuf ne kleine, ävver schöne Baum för
op et Eckschääfje un nit bes aan de Deck.
Ich kumme met mingem Riesmatismes en
de Kneen suwiesu kaum noch de Leider huh.

Nettche   Komm, Pitter, dann söke mer deer un meer
jetz ne schöne Baum us! Ävver meer ess dat
eijentlich suwiesu ejal, wie dat Bäumche
ussüht, Haupsaach, ich hann am Hellije
Ovend ein om Schaaf stonn, ejal wie dat
jewaaßen ess.

Pitter   Loor, Nettche, wat he noch su erömlitt, süht
ävver allt jet ärch metjenomme us.

Nettche	Meins do villeich, dä Chressbaumverkäufer hädden usjerechent op dich un mich jewadt?
Pitter	Dä do en der Eck süht doch noch maneerlich us!
Nettche	Dä hät ävver keine Rögge! Ich jläuve nit, dat do met där Kröck beim Liss ne Blomepott jewenne kanns.
	He, he dä Klein ess jo wie us dem Bilderbohch, zwor jet klein för e drei un ene halve Meter huh Zemmer, ävver meer jefällt dä Stoppe! Ich dät dä allt ens för mich nemme.
Pitter	Frohch doch ens, wat dat Futz-Dännche koss!
Nettche	Zwölf Euro, un dat bes aan de Spetz!
Pitter	Dat ess jo immer noch jet vill för su ne kleine Baum, un dat op der letzte Stipp. – Ävver dat ess och der einzije, dä meer jefällt. Dä nöhm ich och. Weiß do wat, mer loßen uns dä reserveere un jonn ehsch ens ne Jlöhwing drinke, dä häss do schleeßlich noch bei mer jot. Dann lore mer wigger.

Zwei Stunden später nach mindestens vier Gläsern Glühwein.

Nettche	Pitter, häss do allt ens op de Uhr jelo't? Mer hann allt drei Uhr. Et Liss ess bestemmp am koche, un nit et Fessmenü.
Pitter	Määt nix, av hück ben ich doch der Här em Hus. Weet, noch ene Jlöhwing zom Avjewenne!
Nettche	Komm, Pitter, ich muss minge Baum avholle!
Pitter	Wiesu dinge Baum, dat ess doch minge Baum!

Nettche	Mer dunn uns doch hück nit öm dat jecke Bäumche strigge, mer dunn uns dat deile!
Pitter	Bliev he setze, ich jonn dat Bäumche flöck avholle, un dann weed dat ehsch ens jedäuf.

Pitter kommt mit dem kleinen Baum.

Nettche	Pitter, wie soll dat Baumkind dann heiße?
Pitter	Bovveneröm: Chress – Ungeneröm: Baum!
Nettche	Weiß do wat, Pitter, do kanns dä Baum behalde, söns häss do nor noch Ärjer met dingem Altarjeschenk.
Pitter	Nix do, dä Baum weed, wie besproche, jedeilt.
Nettche	Dann behald do winnichstens de Spetz, domet kanns do villeich noch e bessje Ihr enläje.
Pitter	Nä, jedeilt heiß jedeilt. Keiner kritt de Spetz. Ich hann jehoot, et ess dis Johr janz modän, nor ne Chressstruuß ze maache. He, dunn ens fasshalde!

Pitter fängt an, den Tannenbaum kleinzuschneiden.

Nettche	Dat jeit esu nit!
Pitter	Doch, noch eine Jlöhwing, dann flupp dat wie jeschmeet.

Jetzt wird der Baum auseinandergeschnitten, und jeder bekommt abwechselnd einen Zweig.

Pitter	Nettche, ich hann zofällich zwei Tüte en der Täsch; ich jläuve, do kritt mer dat Jröns jot dren verpack.
Nettche	Alsu, meer reck dat! Die Zwijje en minger

Boddemvas schön dekoreet, dat hät jet! Un
die Tüt pass, wie wann se doför jemaat wör.

Pitter — Em vörrije Johr hann ich nit jewoss, wie ich
dä drei un ene halve Meter huhe Baum op
de drette Etaasch krijje sollt, un hück, hück
hann ich e i n Tüt, die ich mem kleine Fin-
ger drage kann. Su ka'mer jo bal de Trapp
erop schwevve!

Nettche — Un do bruchs nit mih op de Läuv ze klemm-
me, för dä Chressbaumständer ze söke, un
och nit mih bovvenhuh op der Leider wie
en Primaballerina ze balanceere, för de
Baumspetz dropzeetze, die suwiesu immer
scheif ess un bliev.

Pitter — Nettche, hann ich dat nit jot jemaat?

Nettche — Hoffentlich süht et Liss dat och esu! Ich
hann do en Idee: Wann et Liss usflipp un
deer der Hellije Ovend kapott määt, muss
do en Üvverraschung parat hann, die sich
jewäschen hät.
Ich weiß och allt, wat! Pitter, mer jonn jetz
noch flöck bei der Tchibo. Die Diseiner-
Päälekett vun där Firma woll et Liss allt lang
hann. Ävver, wie mer zwei wesse, wor it jo
ze karich, sich ens jet ze jünne. Jläuv mer,
wann do die hück Ovend us der Botzetäsch
zaubers, wann et Liss jrad aansetz, för dich
fädich ze maache, weed domet dinge Hellije
Ovend ehsch richtich hellich. Met Edel-
metall kanns do uns Fraulück jlöcklich maa-
che. Op dä Baum kütt et dann nit mih aan!

Pitter — Weiß do wat, un wann dat all nit richtich
ess, dann kann sich et Liss singe Chress-
baum vun meer us op de Wand mole. Hät et

evvens et janze Johr üvver ›Weihnachten‹.
Schön Feerdäch, Nettche!

Nettche   Un ... bes nöhks Johr, Pitter ... odder??
Pitter   Versproche, Nettche! Och wann mer uns et
          Johr üvver off jenohch sinn, aan unsem
          Treffe aan Hellichovend halde mer fass!

Et rüch noh Schnei

Wann ich su aan fröher denke,
Wann Hellichovend kom eraan,
Fällt mer en: Jrad met der Chressmett
Finge för uns de Chressdäch aan.

Doch bevör dann de Famillich
Sich op der Wääch maat voller Freud,
Dät der Papp noh drusse lore:
»Et rüch noh Schnei, jlich weed jestreut.«

Un dä Satz dät immer stemme.
Bal wie e Wunder, höösch un leis,
Däte wieße Flöckcher falle,
Zesamme danze en nem Kreis.

En Mäntel, Mötze, Stivvele,
Su hatt de Mamm uns usstaffeet,
Hätten et leevs vörm Joddeshuus
Der ehschte Schnei mer usprobeet.

Fingk mer hück op Hellichovend
Der Wääch ens widder en de Mess,
Steit dann stell vörm ahle Kreppche,
Singk Leeder met, die för dat Fess:

Ha'mer off noch nit ens Winter.
Verändert hät sich mäncherlei:
Statt Schnei, do jitt et jetz e Wedder,
Wie mer't söns kennt su Aanfang Mai.

Un Iesblömcher, die filejran
Uns Rutte hann fesslich jeschmöck,
Die kennt doch hück kaum noch ne Panz.
Fählt denne nit e Stöckche Jlöck?

Wor och fröher mänches anders,
En Häd dovun nit immer jot;
De Jenöhchlichkeit dät stemme!
Ärch schad, jrad hück kütt die ze koot.

Dät dä Satz jän noch ens höre,
Doch nor vun deer; hö's do mich, Papp?
Hann dä Draum, wöödts noch ens sage:
»Et rüch noh Schnei, Kind, nit ze knapp.«

Jedanke am Hellije Ovend

Die Mutter schickt die Familie wie jedes Jahr in die Christ-mette und gönnt sich Erinnerungen an früher. Sie spricht mit sich selber.

Endlich ens e bessje Rauh! De Bajaasch ess för en jot Stund us de Föß. Et ess bei uns, wie bei all dä ander Lück: Et Johr üvver jeit keiner en de Kirch, un wann, dann en en Dudemess, ävver am Hellichovend en de Chressmett, do dunn se sich bal dröm schlage. Jo, jet för de Stemmung muss sin.

Papp, wann do jrad do bovven huh em Schöckelstohl sitz un op mich erunder lors: Stemmung wor bei uns derheim doch immer, nit immer en jode, ävver off en löstije.

Ich weiß nit, wie et kütt: Wa'mer älder weed, röck de Puutezick jedes Johr nöher.

Ich weiß noch, wie ich der Chressbaumständer em Keller söke moot. Do, pingelich wie do wors, schleeßlich wors do Bohchhalder vun Berof un bei deer dorf kein Zahl scheif ov jet unöntlich jeschrevve wäde, do hatts dat unförmije, bleischwere Ständermonster su jot en ener ahl Ädäppelskess verpack, besser jesaat verstoche, dat ich nit op der Enfall kom, jrad en där ahl, dreckelije Kess ze söke.

De Mamm stundt jedes Johr koot vörm Explodeere. Ävver irjendwie hann ich et immer jeschaff, op de letzte Minutt doch dä Chressbaumständer ze finge.

Un dann jingks do, leeve Papp, immer ehsch der Baum kaufe.

Doch, doch, saach nit Nä. Et wor immer Hellichovend, koot bevör die Chressbaumverkäufer su jäje veezehn Uhr Feerovend maate. Do kom en deer der Bohchhalder durch. Koot vör Verkaufsengk woren die Ress-Chressbäum immer bellijer. Die sohchen ävver och noh ›Ress‹ us. De Mamm maat sich derwiel su ehr Jedanke, met wat för ner Kröck do widder em Aanmarsch wors.

Papp, ohne deer jet ze welle: Ich kann mich drop besenne, dat mer niemols ens ne richtich schöne, jot jewaaße Baum hatte. Un en Edeldann, wie se hück jän jenomme weed, su jet kannte mer jar nit. E janz eifach Fichtebäumche jov et bei uns.

Un dann, dann kom ding jroße Stund. Dann däts do esu, wie wann do us der Lamäng erus dich en ene supertalenteete Heimhandwerker verwandele künnts. Kunnts do nit. Mer all wossten dat besser, mer wosste nämlich, dat do

niemols em Levve ne jode Handwerker avjejovven hätts.
Do kunnts jo noch nit ens ne Näl en de Wand schlage! Un
ne Chressbaum en der Ständer kloppe allt ens jar nit. Äv-
ver mer kunnte jo jünne un maaten dat Spill jän met.

Üvvrijens, unse Opa, dinge Schwijjervatter, ne jelihr-
te Schringer, allt wick en de Achzich, soß de janze Zick
jenöhchlich em Sessel un dät jriemele. Woss hä doch och,
wat kom. Un wat all kom! Do däts hämmere, säje, Holzkeil-
cher frößele un dä ärme Baum (odder sollt ich besser sage,
die ärm Kröck?) vun Minutt ze Minutt kleiner säje. Do, jetz
stundt hä allt em Ständer, zwor noch jet scheif, ävver dat
bessje Avstötze wor doch nor noch en Kleinichkeit för dich.

Un dann jov et för dich, vun deer selvs jenehmich,
ne Klore. Der Jroßvatter krääch och eine. Do wolls jo nit
kniestich sin. Un weil dä su jot schmecken dät un de Haup-
arbeit jo allt jedonn wor, jov et noh un noh immer widder
ne Klore för dich un der Jroßvatter.

Dä Baum wor för dich jetz Nevvensaach jewoode,
ußerdäm stundt dä suwiesu allt jrad em Ständer, denn
die Wasserwoch wor alt, dät nit mih su jenau aanzeije.
Do sohchs dä Baum op jede Fall mettlerwiel noh sibbe ov
aach Kööncher jrad em Ständer stonn.

Un dann woodts do möd. Jottjedank. De janze Famil-
lich dät op dinge Meddachsschlof allt wade. Denn kaum
dat do op dem Kanapee enjeschlofe wors, un do däts flöck
wie ne Sibbeschlöfer schnorkse, fing der Jroßvatter aan, dä
vun deer schängeleete Baum op fing ze krönzele. Hä kunnt
dat, trotz dä Schabäucher, die hä metjedrunke hatt. Die
paar Klore däten doch su ne jestandene Kääl, wie hä einer
wor, nit vum Sockel haue! Hä dät do, wo kein Äss wore, e
paar neue met Keilcher un Dübbelcher draanklemme, die
üvverflössije Äss avsäje un alles su jot ungerläje un uspols-
tere, dat der mickrije Baum en kooter Zick fass em Chress-
baumständer stundt. Dann kom de Mamm un maat met

Lametta, Kugele un Kääze us der Kröck ne wunderschöne kleine Chressbaum.

Un do, do häss en der janze Zick sillich jeschlofe. Ävver wann do waach woodts, wors do immer ärch stolz, dat do ens widder för winnich Jeld su ne jotjewaaße Baum jekauf hatts.

Ich weiß bes hück nit, ov do uns jet vörjespillt häss, Papp, ävver der Jroßvatter hät nie verrode, dat hä die Arbeit jedonn hatt.

Weiß do, Papp, hück schmöcken ich bei meer derheim jedes Johr der Chressbaum. Die Ständer sin hückzedachs och all kei Problem mih. Selvs ich krijjen su ne Baum allein jrad en der neue Seilzochständer. Mer muss nor oppasse, dat mer sich de Fingere nit klemmp.

Bes hück hatte mer noch kein Kröck. Off wor et en Edeldann odder su en döre Nordmanndann, die kaum en Nodel verleet, en Blaudann odder och allt ens en Kiefer. Immer schön aanzesinn. Ävver wann ich ihrlich ben, ich jöv jet dröm, wann ich met deer zesamme noch ens su e klein, kromm Fichtebäumche schmöcke künnt!

Och, do kütt de Famillich jo allt us der Chressmett. De Zick läuf, se läuf vill ze flöck. Papp, maach et deer och jet jenöhchlich do bovven un, versproche, nöhks Johr kaufen ich en Kröck! Ävver wie ich ming Famillich kenne, dunn die dann esu, wie wann ich ne neue Trend enlügge dät, dä Kröcketrend. Ejal, ävver do un ich, mer wesse, woröm ich dat dunn.

Jlöcksillije Chressdäch, Papp, mer sinn uns! Irjendwann!

(Klopfen an der Tür) Ich kumme jo allt.

Chressdaach ess

Stäneklor ess de Naach,
Bovvenhuh hält einer Waach.
Op dem Feld litt der Schnie,
Zojefrore ess der Sie.
Klockeklang vun fän ze höre,
Leechterjlanz schmöck och de Stroß.
Un de Kinderauge leuchte,
Weil vum Chresskind kütt ne Jroß.

Chressdaach ess
Üvverall –
Strohle Kugele em Jlanz.
Chressdaach ess
Üvverall –
Kääze brenne op dem Kranz.
De Erennerung aan fröher
Kütt janz langksam en deer huh.
Chresssdaach ess
Üvverall –
Endlich bess do widder fruh.

Chresssdaach ess
Üvverall –
Fresch jeschlage ess der Baum.
Chressdaach ess
Üvverall –
Villeich weed hück wohr ne Draum.
Schön verzeet met decke Schlöppcher
Lijje Päckelcher parat.
Chressdaach ess
Üvverall –
Un dä Chressbaum, dä määt Staat.

Chressdaach ess
Üvverall –
De Famillich sitz am Desch.

Endlich ha'mer widder Chressdaach,
Bal ess och dat Johr zo Engk.
Wat dat neue brängk, weiß keiner,
Doch hück halde mer uns Häng.

Chressdaach ess
Üvverall –
Jlöhwingdöff krüff durch et Huus.
Chressdaach ess
Üvverall –
Selverkugele am Struuß.
Wa'mer mih zesammeröcke,
Üvver't Johr, wör ne Jewenn.
Chressdaach ess
Üvverall –
Dat ess eijentlich der Senn.

Loor, dä Baum

Loor, dä Baum ess jroß un prächtich!
Loor, dä Baum ess staats un jrön!
Loor, dä Baum ess jot jewaaße!
Loor, dä Baum ess eifach schön!

Loor, dä Baum süht us wie fröher,
Wie de Mamm en hatt jeschmöck.
Loor, dä Baum met all dä Kääze
Schenk uns e janz klei Stöckche Jlöck.

R: Dä jroße Dannebaum em Zemmer,
    Dä hält se för uns waach,
    Erennerung aan fröher
    Jrad en der Hell'je Naach.
    Dä jroße Dannebaum em Zemmer
    Met janz vill Kugele us Jold,
    Hält de Famillich hück zesamme;
    Jenau dat hät uns Mamm jewollt.

Loor, dä Stall, vum Papp jebastelt!
Loor, dä Stall us Fechteholz!
Loor, dä Stall us Jipps un Steincher!
Loor, dä Stall, hä wor su stolz!

Loor, die Krepp do en däm Höttche
Met Fijore vun der Läuv.
Loor, die Krepp us Kinderzigge,
Mer hann allt nit mih draan jejläuv.

R: Dä ahle Stall un och dat Kreppche,
    Die halden för uns waach
    Erennerung aan fröher
    Jrad en der Hell'je Naach.
    Dä ahle Stall un och dat Kreppche
    Met däm jroße Stän us Jold
    Hält de Famillich hück zesamme;
    Jenau dat hät uns Mamm jewollt.

Et Fessmenü

Der Desch weed fesslich hück jedeck
Met jodem Posteling, ess klor,
De Zerviette, janz en Jold,
Un Dannejrön met Engelshoor.

Chressdaach ess, un wie zick Johre
Freut sich de Jroßfamillich drop.
Se kumme jän, hann dann kein Arbeit,
Ävver als Huusfrau steit mer Kopp.

En Dobbel Öllich fresch jehack,
Jemös jeputz, der Schlot zorteet,
Ädäppel akkerat jeschellt.
Der Ovve allt ens usprobeet.

Krückcher för de Zaus jeschnedde,
Dann Majonäs noh Huusmannsaat,
Selvs durchjeschlage, avjeschmeck.
Ein Leckerei steit allt parat.

Wießwing för der Rinderbrode,
Allt opjemaat steit dä om Desch.
Zoehsch e Jlas för mich un dann
Üvver der Brode un der Fesch.

Rutwing, e besonder Dröppche,
Weed dekanteet, dä bruch sing Zick;
Bes dat et Esse fädich ess,
Ess dä Jeschmack dann esu wick.

E Jlas probeere wör janz jot.
Edel dä Droppe, dä hät jet!

Eijentlich deit Rutwing stoppe.
Nit schlääch, mer hann bloß ei Klosett.

Nä, wat hann ich ze bedenke!
Ich weiß nit, et weed luuter Stress,
Wann sich de leev Famillich triff
Jenöhchlich för et Chressdachsfess.

Bei all der Arbeit künnt ich doch
Dä Wieße noch ens flöck probeere.
Bloß aan dä Brode? Dat wör schad!
Ei Jläsje kann ich noch riskeere.

De Schruutebruss muss noch en Öl,
Knuflauf draan, dat se all stinke.
Noch e Jlas, jot för de Nerve:
Wä hatt arbeit, darf och drinke.

En dä Ovve kütt dä Brode,
Och dat Jemös weed dropjedonn.
Noch e Jlas Rutwing kann nit schade,
Op einem Bein ka'mer nit stonn.

Irjendwie jeit et jetz leichter.
Su wichtich ess dä Brode nit.
Der Drock »Jlich kummen se!« futtü,
Avwade, wat et all noch jitt!

Wat woll ich maache för en Bruss?
Un wo hann ich die hinjeklätsch?
Noch e Jlas, der Ress vum Wießwing.
Och, dat Jemös ess eine Tätsch!

Wie dät noch ens der Rude schmecke?
Mm..., dä pass zom schwatze Brode.
Su schwatz wor dä doch söns noch nie!
Typisch Schlaachtes, schlääch berode.

Komisch, de Wießwingfläsch ess leddich.
Wo ess bloß dat Jesöffs jeblevve?
För su ne Brode bruch mer vill.
Och dat Rindveh soll jot levve.

Hück loßen ich mich ech nit lumpe,
Ich maache noch ene Wieße op.
Wat dä Brode nit mih bruch,
Dat drinken ich noch bovven drop.

Ich ben jet möd, ming Bein jet lahm,
Su e Menü verbruch ming Kraff.
Nohdesch? Künnt ehr hück verjesse!
Ich kann nit mih! Ich ben jeschaff!

Schruutebrüssje, bess do läufich?
Do kunnts secher doch noch fleje.
Et klingelt, de Famillich kütt,
Halt dich jrad, bloß nit bewäje.

Et freut mich, dat ehr pünklich sidd,
Su jot jesennt, su fruh un heiter,
Doch weil mi Fessmenü em Emmer,
»Zieht die Karawane weiter«!

Et wor ens

Ich wünschen üch jrad för dis Johr
En Chressnaach, wie se fröher wor.
Ich wünschen üch, dat ohne Hetze
Ehr künnt üch ens zesammesetze.
Ich wünschen üch, dat Alldachsstress
Üch nit verjesse liet dat Fess.

Ich wünschen üch, dat stell de Naach
Met Iesblome un wießer Praach.
Ich wünschen üch e janz klei Stöck
Vun däm, wat domols wor, zoröck.
Ich wünschen üch, dat hell un klor
Dä Stän strohlt, wie als Kind et wor.

Ich wünschen üch, dat met Bedaach
Erennerunge wäde waach.
Ich wünschen üch Zick för nen Draum.
Em Alldach hät mer die jo kaum.
Ich wünschen üch, dat jederein
Jrad aan däm Fess ess nit allein.

Et wor ens – dat deit mänchmol wih –,
Do wor su winnich su vill mih.

WAT ICH NOCH SAGE WOLL

Lampefeber

Ehr denkt bestemmp, die määt dat locker,
Die hät met jar nix jet am Hot,
Die hät bestemmp en Pädsnator,
Söns wör die secher nit su jot.

Ehr denkt bestemmp, die hät jot Nerve,
Die liet nix noh aan sich eraan,
Die deit bestemmp dat all nor spille,
Söns wör die mänchmol janz ärm draan.

Doch...
Bei allem, wat ich dunn un maache,
Bei allem, wat ich vun mer jevve,
Bei allem, wat üch brängk aan't Laache
Bei allem, wat ich hann jeschrevve,

Och...
Wann ich de ehschte Reih jet foppe,
Wann ich üch halde vör der Spejel,
Wann ich vun fremde Lück verzälle,
Wann ich ens sprenge jede Rejel,

Bei all däm hann ich noch der Zidder,
Hann feuchte Häng, kann nit doför.
Bei jedem Optrett kütt dat widder.
Ich denke nor: Wo ess en Döör?

Un wann ich durch der Vörhang jonn
En't Rampeleech, dat ess noch ›muss‹,
Doch wann ich hören der Applaus,
Säht mi Jeföhl: Do bess ze Hus!

Der Herrjott ens usfroge

Ich hatt vör kootem dä Draum, eimol mem Herrjott ze
spreche un dä uszefroge.

»Do mööchs alsu ens met mer spreche?« frohchten der
Herrjott.

»Wann do Zick häss, jän«, saat ich.

Der Herrjott dät jet jriemele.

»Ming Zick ess de Iwichkeit, ävver saach ens, wat wells
do mer dann för Froge stelle?«

»Wat brängk dich bei uns Minsche aan et Staune?«

Drop der Herrjott:

»Dat se janz flöck der Puutezick üvverdrössich sin, sich
öntlich zaue, erwaaße ze wäde, för sich e paar Johr späder
widder noh der Puutezick zoröckzesehne.

Dat se, för Jeld ze verdeene, ehr Jesundheit op et Spill
setze un dat Jeld, wat se verdeent hann, dann usjevve, för
widder jesund ze wäde.

Dat se us Angs, wie de Zokunf weed, der Bleck för et
He un Hück verjesse. Un su ka'mer em Momang nit levve,
ävver och nit en der Zokunf.

Dat se levve, wie wann se nie sterve mööte, för dann ze
sterve, wie wann se nie jelääv hädden.«

Der Herrjott nohm höösch ming Hand, un mer soße
janz stell, jeder en sing Jedanke versunke.

Dann woll ich wesse:

»Saach, wat mööchs do, wat mer als Pänz lihre?«

Der Herrjott kunnt widder et Jriemele nit loße.

»Dat mer keine andere Minsch zwinge kann, einer jän
ze hann, ävver mer darf et räuhich zoloße, dat mer jän je-
hatt weed.

Dat et nit jot deit, sich met andere ze verjliche un ze messe.

Dat ne ›riche‹ Minsch nit einer ess, dä vill Nüsele hät,
nä, dä, dä villeich et Winnichste bruch.

Dat mer nor e paar Sekunde bruch, nem Minsch deefe Wunde un Schmätz zozeföje, ävver off vill Johre, dat all widder ze heile.

Dat et Minsche jitt, die einer jän hann, ävver nit wesse, wie se ehr Jeföhle usdröcke künne.

Dat zwei Minsche dat jliche belore künne, ävver jeder jet anders dodren süht.

Dat et mänchmol nit jenohch ess, dat einem verjovve weed, nä, mer muss och lihre, sich selvs ze verjevve.

Un, dat keiner verjiss, dat ich he ben, allt all die Johre... immer.«

(Kölsche Nacherzählung eines hochdeutschen Textes unbekannter Herkunft in der Fassung von Werner Küstenmacher)

Wat ess wie...

E Schörche Rän op drüjjem Boddem.
Wie Heimatkläng em fremde Land.
Wie fresche Dau em Sonneleech.
Wie Frembcher, die hück Hand en Hand.

Wie ne Schlössel us der Blech.
Wie e Bützje vun nem Weech.
Wie nen Euro, jrad jefunge.
Wie e Strohle em Jeseech.

Wie e Föör en köhler Naach.
Wie e Pöözje en ener Moor.
Wie ne Bleck, dä Hoffnung määt.
Wie e Fess noh langer Troor.

Wie e Blatt am kahle Stengel.
Wie unverhoff ne leeve Jroß.
Wie ne Bref noh langem Schwijje.
Wie Kinderlaache op der Stroß.

Wie e Leech am Engk vum Tunnel.
Wie e ahl Bild us Kinderzick.
Wie en Uhr, die niemols stell steit.
Wie en neu Welt janz ohne Strick.

Wie et Fröhjohr, wie der Morje.
Wie e Jebett, wie e Jedeech.
Wie ne Draum un wie et Jänhann.
Wie Verdrage noh nem Kreech.

All dat zesamme ess et Levve,
Mer weiß nie, wat der Morje brängk.
Jot, dat mer selvs nix kann bestemme,
Doch Neujeer bliev bes aan et Engk.

ÜVVERVBLECK

Jet Fastelovend

De Zick läuf vill ze flöck

Dat hälts de em Kopp nit us

Dä, allt widder ess Advent

Wat ich noch sage woll